在宅勤務の最新労務対策Q&A

弁護士法人 ALG & Associates
パートナー　福岡法律事務所長

弁護士 今 西 眞 [著]

労働調査会

はしがき

　これまでも、テレワークデイズの実施など、政府はテレワークを推進してきました。しかし、まだまだテレワークは社会に浸透しておらず、試験的な導入すら行っていない企業がほとんどでした。この状況を一変させたのが、新型コロナウイルスの感染拡大に伴う緊急事態宣言でした。一気に多くの企業でテレワークが導入され、今ではテレワークも働き方の１つとして市民権を得たといえるのではないでしょうか。今では、テレワークは、BCP対策の１つとしても注目されており、導入に積極的な企業も増えています。もっとも、準備を行う余裕がなく、とにかく導入したものの、これから社内整備を行うという企業も少なくないでしょう。緊急時においては問題にならなかったとしても、平時になれば様々な問題が表面化してくる可能性があります。テレワークは、新しい働き方ですから、判例や裁判例が蓄積されておらず、ガイドライン等を参考にして、ある程度は手探りで導入していかざるを得ません。本書もその一助となれば幸いです。

　最後に、未熟な私に執筆の機会を下さると共に、沢山のアドバイスとご協力をいただきました白川様をはじめとする労働調査会の皆様、快く執筆の時間を与えてくれた事務局の藤田はじめ弁護士法人ALG&Associatesに心より感謝申し上げます。

　　令和３年（2021年）５月31日

弁護士法人 ALG & Associates

弁護士　今　西　　眞

CONTENTS

第2章　テレワークにおける労務管理

第3章　労働災害・安全衛生管理

第4章　セキュリティ・秘密漏洩

第5章　その他

参考資料篇

Ⅰ 参考資料

Ⅱ　参考書式

＊ 上記「参考書式(1)～(6)」のフォーマットをダウンロードできます。ダウンロードの方法等につきましては、**234頁**をご参照ください。

［凡 例］

法令名等の略称

労基法……労働基準法 　　　　　　　労基則……労働基準法施行規則

安衛法……労働安全衛生法 　　　　　安衛則……労働安全衛生規則

労災保険法……労働者災害補償保険法

労契法……労働契約法

パート・有期労働法……短時間労働者及び有期雇用労働者の雇用管理の改
　善等に関する法律

労働者派遣法……労働者派遣事業の適正な運営の確保及び派遣労働者の保
　護等に関する法律

労働施策総合推進法……労働施策の総合的な推進並びに労働者の雇用の安
　定及び職業生活の充実等に関する法律

職安法……職業安定法 　　　　　　　職安規則……職業安定法施行規則

労組法……労働組合法 　　　　　　　最賃法……最低賃金法

個人情報保護法……個人情報の保護に関する法律

電子署名法……電子署名及び認証業務に関する法律

民訴法……民事訴訟法 　　　　　　　自賠法……自動車損害賠償保障法

裁判所等の略称（例）

最△小……最高裁判所第△小法廷 　　判……判決

○○高……○○高等裁判所 　　　　　決……決定

□□地……□□地方裁判所

判例・裁判例資料の略称

民集……最高裁判所民事判例集 　　　労判……労働判例

第1章
テレワークに関する基本知識

テレワークという働き方

Q 1 我が社でもテレワークを取り入れて柔軟な働き方を実現したいと思いますが、テレワークを利用した働き方にはどのようなものがありますか。

答 　テレワークとは、ICT（情報通信技術）を活用して、時間や場所を有効活用できる柔軟な働き方を意味します。一般的には、モバイルワークや事業場外勤務などとも呼ばれます。明確な定義があるわけではなく、一般的には、自宅を就業場所とする在宅勤務、移動中や顧客先、カフェなど就業場所を固定しないモバイルワーク、遠隔勤務用の施設を就業場所とするサテライトオフィス勤務の3つがあります。また、フルタイムに限定されず、就業時間の一部をテレワークとすることも可能です。

1　テレワークとは

　テレワークとは、「テレ（Tele）＝離れたところ」で、「ワーク（Work）＝働く」を意味する造語であって、日本では法的な定義があるわけではありません。リモートワーク、事業場外勤務などとも呼ばれることがあります。定義するとすれば、ICT（情報通信技術）を活用し、時間と場所を有効に活用できる働き方ということができます。

　ICT（情報通信技術）の進歩に伴い、技術的には必ずしも事務所（オフィス）でなくても仕事ができるものの、事務所（オフィス）へ出勤して働くという固定観念に縛られ、テレワークの浸透には時間がかかると考えられていたところ、新型コロナウィルスの感染拡大をきっかけに、急激にテレワークの1つである在宅勤務が市民権を得ることになりました。このため、テレワークは在宅勤務のことだと考えているかもしれませんが、テレワークは在宅勤務に限定されません。

2　テレワークの種類

（1）就業場所による分類

　就業場所に応じて①在宅勤務、②モバイル勤務、③サテライトオフィス勤務の３つに分類することが可能です。

①在宅勤務

　所属する事務所（オフィス）ではなく、自宅を就業場所とする勤務形態のことをいいます。在宅勤務は、新型コロナウイルスの流行を切っ掛けに多くの企業が半強制的に取り組むことになったテレワーク形態で、もともとは、育児や介護など家庭生活と仕事を両立するために活用されることが期待されていたテレワーク形態です。

②モバイル勤務

　ノートPCやスマートフォンなどのモバイル機器を活用して、出張中や移動中、カフェなどを就業場所とする勤務形態のことをいいます。就業場所を固定せず、モバイル機器を活用して自由に色々な場所で働きたいという人に向いた勤務形態といえます。

③サテライトオフィス勤務

　事務所（オフィス）や自宅以外のレンタルオフィスやサテライトオフィスなどの遠隔勤務用の施設を就業場所とする勤務形態をいいます。自宅では通信設備が不十分であったり、プライベートと仕事との線引きが難しいなど在宅勤務はできないが、出社するのも避けたいという人に向いた勤務形態といえます。

（2）就労時間による分類

　テレワークといっても、フルタイムでテレワークをする必要はなく、午前中を在宅勤務とし、午後から出社するなど、就業時間の一部をテレワークにすることも可能です。これまでも、出張中にノートPCを利用して仕事をすることは部分的なモバイル勤務といえますし、また、出張時に会社が借りているレンタルオフィスで業務すれば、部分的なサテラ

イトオフィス勤務といえるでしょう。このように、既にテレワークは部分的に実施されてきたといえます。

（3）就労形態による分類

就業場所とは関係なく、就労形態による分類も可能です。

①雇用型テレワーク

企業に雇用されながら、在宅勤務やモバイル勤務、サテライトオフィス勤務といったテレワーク勤務をする場合です[1]。現在、多くの企業が取り組んでいるものが雇用型テレワークです。

②自営型テレワーク

企業に雇用されるのではなく、個人事業主のような形態でテレワークを行う場合です[2]。これまでも、企業から発注を受けた個人事業主が自宅などで作業をすることがありましたが、情報通信技術の進歩によるクラウドソーシング[3]が拡大したことで、自営型テレワークを行う機会が増加し、テレワークの1形態として注目されるようになりました。

3　テレワークの現状

「世界最先端デジタル国家創造宣言・官民データ活用推進基本計画」（令和元年（2019年）6月14日閣議決定）では、令和2年までにテレワーク導入企業を平成24年（2012年）度比で3倍（11.5％から34.5％）にすることや、雇用型テレワーカーの割合を平成28年度比で倍増（7.7％から15.4％）させることが政府目標とされていたところ、コロナウイルス

---

(1)　「テレワークの適切な導入及び実施の推進のためのガイドライン」（厚労省令3.3.25公表。**173頁以下**）では、「労働者が情報通信技術を利用して行う事業場外勤務」と定義しています。

(2)　「自営型テレワークの適正な実施のためのガイドライン」（厚労省平30.2）では、「注文者から委託を受け、情報通信機器を活用して主として自宅又は自宅に準じた自ら選択した場所において、成果物の作成又は役務の提供を行う就労をいう（法人形態により行っている場合や他人を使用している場合等を除く。）。」と定義されています。

(3)　Crowd（群衆）とsourcing（業務委託）の造語で、インターネット上で不特定多数の人へ業務を発注する方法のことをいいます。

の流行を切っ掛けに想定以上のスピードでテレワークの導入が進みました。これを受けて厚労省では、「これからのテレワークでの働き方に関する検討会」が設けられ、この中でテレワークの労務管理等に関する実態調査が実施されました。この調査結果[4]によれば、テレワーク導入企業の割合が、在宅勤務34％、モバイル勤務13.8％、サテライトオフィス勤務9.3％、テレワーク実施者の割合が、在宅勤務32.1％、モバイル勤務4.4％、サテライトオフィス勤務1.4％と在宅勤務を中心に大きく増加しています。もっとも、テレワーク導入企業のうち、「新型コロナウイルス流行時と同程度に在宅勤務を維持したい、若しくは拡充したい」と考えている企業は43.7％にとどまり、半数以上がテレワークを新型コロナウイルス流行時の限定的なものと考えているという結果となっています。他方、労働者側はどう考えているかというと、テレワーク（在宅勤務）実施者のうち87.2％が継続を希望しています。また、テレワーク（在宅勤務）非実施者の46.1％が実施してみたいと考えているという結果となっていて、テレワーク導入に対する意欲に関し、企業と労働者の間に大きなギャップがあることが浮き彫りとなっています。

4　テレワーク導入にあたって

　テレワークは、就労場所を固定しない働き方に過ぎず、目的に応じて様々な形態を組み合わせて実施することが可能です。テレワークを導入すれば、自然と様々な人材を有効に活用できるわけではありません。テレワークを望まない労働者も少なくないですし、一定の業務や一定の期間だけテレワークにすることが適当な場合もあるでしょう。課題をクリアするためにはどのようなテレワークを導入することが有益なのか検討し、労働者の意見も聞きながらトライ＆エラーを繰り返すことが、真のテレワーク導入には重要です。

---

(4)　厚生労働省委託事業「令和2年度テレワークの労務管理に関する総合的実態研究事業」

テレワークの導入手順

Q2 テレワークを導入するにあたり、どういった手順で進めればよいのでしょうか。

答 まず、テレワークの導入自体が目的とならないよう、テレワークを導入する目的を明確にし、①基本方針について社内で目的意識を共有することが大切です。次に、②基本方針に沿ったテレワークの実施範囲や労務管理の方法といったテレワークに関するルールを作成します。また、テレワークに関するルールを作成することと並行して、③当該テレワークを実施するのに必要なICT（情報通信技術）環境の整備やセキュリティ対策を実施します。ルールや環境整備が整ったところで、④テレワークをスタートします。テレワークの導入は、思ったとおりに進まないことが常ですから、⑤テレワーク実施者だけでなくテレワークを実施していない労働者の意見を聞くなどして、課題や改善点を洗い出し、ルールの見直しなどを定期的に行っていくことがよいでしょう。

1 目的意識の共有

（1）意識改革の重要性

　テレワークは新たな働き方ですから、既存の働き方に慣れている人にとっては、面倒なことが増えると感じる人も少なくありません。雇用型テレワークは、従来と働く場所が違うだけで、労働契約であることに変わりはなく、使用者は、テレワーク実施者についても適正に労働時間の把握をしなければなりません（安衛法66条の8の3）[1]。また、メール

---

(1)　具体的には、「労働時間の適正な把握のために使用者が講ずべき措置に関するガイドライン」（厚労省平29.1.20策定。**193頁以下**）に従うことになります。

やチャットツールを用いた非対面型のコミュニケーションにより業務を進めなければなりません。管理する側からすれば面倒なことが具体的に想像できてしまい、仕事と家庭の両立や多様な人材確保、人材の定着、業務効率化などのメリットをいくら並べても抽象的にしかメリットを感じられず、実際にメリットがあるのか、それはどの程度なのか実感し難いことも相まって消極的になりがちです。

　テレワーク導入には、人事労務部門や情報システム部門など関係部署の理解と協力だけでなく、テレワーク実施者や非実施者からのフィードバックも重要ですから、社内全体で積極的に取り組めるよう意識改革をしていくことが肝要です。

　「育児や介護などライフステージの変化が切っ掛けで優秀な人材が離職している。」、「一旦、会社に戻るなど無駄な時間が多い。」、「長時間労働の削減が急務である。」、「BCP対策が不十分である。」、「ペーパーレス化を進め、コスト削減や効率化を図りたい。」などテレワーク導入の意義を明確にし、社内へ周知啓発していくことから始めることが大切になります。

（2）基本方針の策定・発表

　テレワーク導入の意義を社内へ周知啓発する方法としては、テレワークの導入目的や実施部門、対象者、対象業務、実施開始予定日、導入後に改善することなどを記載した基本方針を策定し、これをトップメッセージと共に社内全体に向け発表するとよいでしょう。従業員の発案などにより一部門がテレワークを推進する場合もありますが、一部門の意見では共感を得られ難く、トップダウンで進めることがスムーズな導入に繋がります。

（3）課題の共有

　各部門の担当者を集めテレワーク導入にあたっての課題を共有します。テレワーク導入にあたって生じる課題は、「人事労務」、「ICT（情

報通信技術）環境の導入」、「実施後の対応」が中心となります。そこで、「経営企画部門」、「人事総務部門」、「情報システム部門」、「テレワークを導入する部門」の担当者が集まり、テレワーク導入にあたって生じる課題を共有する機会を設けます。

2　テレワークに関するルールの策定

（1）対象者の選定方法

　課題が共有できれば、導入のイメージが具体的になってきますので、実際に導入するためのルール作りに取り掛かります。実施部門を限定するのか、希望者全員を対象者とするのか、希望しない者に対しても実施するのかなど対象者の選定方法に関するルールは不可欠でしょう。試験的な導入段階では、テレワークに移行しやすい事務部門に限定したうえで、介護や育児中の労働者を対象とするなど要件を定めます。そして、要件を満たす希望者に申請させ、これを承認する方法（承認制）で実施することが穏当でしょう。週2回など実施日数を限定して承認するなど、徐々に導入していくとよいでしょう。

（2）労務管理に関するルール

　対象者の選定に関するルールが決まれば、労働時間を把握する方法や人事評価の方法、通信費や機器購入費用などの負担、作業環境、安全衛生対策といった実施中の労務管理に関するルールを明確にします。労務管理に関するルールについては、「**第2章**」を参考にしてください。

　また、テレワークは、データの持ち出しや社内システムに社外からアクセスすることが必要となり、常に情報漏洩などのリスクを伴います。せっかくセキュリティ対策を講じたとしても、テレワーク実施者がセキュリティに関するルールを守らなければ意味がありませんので、USBなどの媒体で情報を持ち出さないことやコピーを各PCに保存しないこと、パスワードは定期的に変更するといった情報機器の取扱いや情報管

理に関するルールも必要になります。

　定めたルールはなるべく就業規則に明記するようにしてください。ルールが明確になったところで、実際に社内通達で希望者を募集し、実施段階へと移ります。

3　ICT（情報通信技術）環境の整備やセキュリティ対策

　ICT（情報通信技術）環境の整備は、テレワーク実施に関するルールを策定することと並行して行います。①労務管理を適切に行うためのものと②業務を行うためのものとに分けることができます。

　①に関しては、労働時間を適正に把握することと業務の進捗状況などを管理することが中心となります。労働時間の適正な把握は、始業・終業時刻を把握する勤怠管理と職務に専念しているか否かを把握する在席管理を客観的に行う必要があり、パソコンの起動時間をもとに集計する方法や勤怠管理アプリケーションを用いて休憩時間や中抜け時間を把握することが考えられます。勤怠管理アプリケーションには、スマートフォンのGPS機能を活用したものや給与計算と連動するものなど様々ありますので、どこまでの機能を求めるのか導入コストを踏まえ検討することになるでしょう。

　②に関するものとしては、業務中の連絡手段や社内の情報システムにアクセスする方法、アクセス権限の範囲などについて、セキュリティの観点やコストの観点を踏まえて決定します。業務連絡やファイルの共有、情報システムへのアクセスを無制限に認めれば業務効率は上がりますが、記録媒体の紛失、盗難や不正アクセスの発生などによる情報漏洩リスクが高まります。セキュリティ対策をどの程度行うのかについては、総務省からガイドライン[2]が出されていますので、これを参考に情報システム部門で検討のうえ、提案してもらいます。

---

(2)　「テレワークセキュリティガイドライン 第4版」（総務省平30.4）

4　テレワークの実施（トライアル）

　ルールが作成できれば、実際にテレワークをスタートさせます。様々な課題が噴出しますので、最初はトライアル導入と考えてください。実施する側も経験がなく、労働者と一緒に作り上げるぐらいの気持ちが必要です。最初は、テレワーク実施者には日々の業務日報を作成してもらい、これを参考に1か月から2か月ごとに面談を実施するといった方法も有益です。テレワークが定着するまでは、どうしても出社勤務の方に負担がかかりがちですから、テレワーク非実施者の意見も忘れずに吸い上げるようにしてください。社内アンケートを実施することも有効でしょう。

5　評価改善

　そして、テレワーク導入に伴い明らかになった課題を部門間で共有し、改善案を検討のうえで改めて実施していくことになります。ルール改定が必要な場合もあるでしょう。なお、この際、テレワークの導入状況、改善点、目標などを社内に周知し共有することは有益でしょう。

　テレワークの導入は、経営陣だけでなく労働者の理解と協力が不可欠ですから、目標に向かってどこまで進んでいるのかをなるべく示すようにしてください。

テレワーク規定

> **Q3**　テレワークを導入するにあたり、就業規則の改定が必要でしょうか。また、どういった点に注意が必要でしょうか。

答　就業場所の指定や変更は人事異動（配置転換）の規定に基づきテレワークを実施することで、就業規則を改定せずにテレワークを命じること自体は可能でしょう。しかし、労働時間、勤怠管理の方法、費用負担、交通費支給の有無などテレワーク用の労働条件を設定する場合には、就業規則の改定はすべきでしょう。また、混乱や紛争を避けるため、テレワーク実施対象者の範囲や要件、実施頻度、申請方法、機密情報の取り扱いなどのルールを就業規則へ明記すべきですし、就業規則の変更にあたっては、労働者へ説明を尽くし、同意を得るように心がけてください。

1　就業規則に定めるべき事項（就業規則の必要記載事項）

就業規則には、次の事項を必ず記載しなければなりません（絶対的必要記載事項、労基法89条１～３号）。

①就業時間等に関する事項（「始業及び終業の時刻」、「休憩時間」、「休日」、「休暇」、「交代就業の場合の就業時転換」）

②賃金等に関する事項（「賃金の決定・計算・支払いの方法」、「賃金の締切り・支払いの時期」、「昇給」）

③退職に関する事項（解雇の事由を含む）。

また、次の事項について定めた場合にも就業規則へ必ず記載しなければなりません（相対的必要記載事項、労基法89条３の２～10号）。

④退職手当に関する事項（「適用の範囲」「金額の決定・計算・支払い

の方法」「支払いの時期」)

⑤臨時の賃金・賞与・最低賃金額に関する事項

⑥労働者の食費・作業用品その他の負担に関する事項

⑦安全及び衛生に関する事項

⑧職業訓練に関する事項

⑨災害補償及び業務外の傷病扶助に関する事項

⑩表彰及び制裁に関する事項

⑪その他の「当該事業場の労働者全てに適用される定め」

　テレワークは事業場外を就業場所とする働き方であるところ、就業規則の必要的記載事項に就業場所は含まれておらず、テレワークの実施自体に関して、就業規則への記載は必須ではないことになります。また、テレワークか否かに関わらず適用される事項であれば、就業規則を改定せずとも、当該就業規則を適用することで問題ありません。もっとも、始業・終業の時刻や休憩時間、人事評価の方法、通信費用の負担、研修の実施など、テレワーク実施者にのみ生じる労働条件が必要的記載事項に関わる場合には、就業規則へ記載することが必要となります[1]。なお、テレワークを命じる権限を就業規則へ明記する必要があるか悩ましいところですが、権利濫用など一定の制限はあるものの、就業規則に「就業場所の指定」や「配置転換・転勤」の規定があれば、当該規定によることも可能ですし、そもそも企業が有する人事権の行使として対応可能だと考えることもできます。

　法的にはこのように解釈できるものの、実務上は、就業規則に定めるべき事項とそうでない事項とを区別するのは容易ではないですし、混乱や紛争を避けるため、テレワーク用の規定を就業規則に設けるべきです。

---

[1]　厚労省の「テレワークモデル就業規則 〜作成の手引き〜」においても、「通常勤務とテレワーク勤務において、労働時間制度やその他の労働条件が同じである場合は、就業規則を変更しなくても、既存の就業規則のままでテレワーク勤務ができます。しかし、例えば従業員に通信費用を負担させるなど通常勤務では生じないことがテレワーク勤務に限って生じる場合があり、その場合には、就業規則の変更が必要となります。」とされています。
（https://telework.mhlw.go.jp/wp/wp-content/uploads/2019/12/TWmodel.pdf）

2　就業規則を改定しない場合のリスク

　労基法89条の必要記載事項を欠く場合には、「30万円以下の罰金」という罰則があります。

　また、仮に労働者が納得していたとしても、就業規則の基準を下回る労働条件は無効となり、当該部分は就業規則で定める基準となります（労契法12条）。この効果を就業規則の最低基準効と呼び、就業規則の必要的記載事項か否かに関わらず生じます。

　例えば、就業規則にフレックスタイム制が規定されていない企業があるとします。この企業がテレワークを実施するにあたり、労働者の同意のもとフレックスタイム制を採用したとしても認められないこともあり得ます。指定の方法による報告連絡を義務づけることやセキュリティ対策、機密情報の取り扱いなど、既存の就業規則にはないテレワーク特有の義務を定める場合にも就業規則に規定することが必要です。

　仮に法的に就業規則を改定する必要がないとしても、新しい働き方である以上、ルールを明確にしておかなければ、混乱を招き、紛争を生じさせかねません。そこで、法的に必要か否かで判断せずに、就業規則を改定し、テレワークに関する規定を設けるようにすべきでしょう。

3　就業規則の変更手続き

　就業規則の変更自体は、過半数組合や労働者の過半数代表者の意見を聞き、当該意見を付して労働基準監督署へ届出ることで行えます（労契法11条、労基法89条、同90条）。もっとも、変更内容が有効か否かは別問題です。

　就業規則の変更により、労働条件を労働者にとって有利に変更する場合、変更内容を労働者に周知すれば、就業規則の最低基準効により、変更後の内容が労働契約の内容となります（労契法12条）。また、就業規則を変更するまでもなく、個別の合意だけでも足ります。

　他方、労働者に不利益となる変更の場合は異なります。労働者の合意がなければ、使用者が就業規則を労働者にとって不利益となるように変更することはできないのが原則とされ、不利益変更が労働者に周知され、かつ、変更内容が合理的な場合でなければ合意なき変更は無効となります（労契法9条、同10条）。

　就業規則の不利益変更の内容が合理的か否かは、労働者の受ける不利益の程度、労働条件の変更の必要性、変更後の就業規則の内容の相当性、労働組合等との交渉状況その他の就業規則の変更に係る事情に照らして判断されます。テレワークに応じる義務を負わせることは、企業が当然に有する人事権の範囲だと考えることも可能ですし、テレワークに伴う費用負担や服務規律の追加は、不利益の程度が軽微であって合理的な変更だと判断されることも考えられます。もっとも、合理的な変更だと一概に判断できるものではありません。そこで、実務上は、導入目的やルールなどについて説明を尽くし、労働者の同意を得ることができるように進めるべきでしょう。例えば、一度だけではなく説明会を何度か設定する、個別の質問にも応じる、意向確認やアンケートを実施するなどの方法が考えられます。

4　就業規則の作成義務がない企業の場合

　常時10人以上の労働者を使用する事業場でなければ、就業規則を作成する法的義務はありません（労基法89条本文）。就業規則の作成義務を負わない企業において、テレワークの導入にあたって就業規則を作成するべきか悩ましいところです。テレワークという新しい働き方について共通認識が醸成されていないことから考えると、就業規則を作成して労働基準監督署へ届出ることまではしないとしても、内規を策定し個別に同意はもらうようにすべきでしょう。

5　最低限定めるべき事項

　就業規則には、最低限、以下の事項に関し定めておくべきでしょう。

（1）定義規定

　在宅勤務、モバイル勤務、サテライトオフィス勤務といった勤務形態について定義を明確にします。

（2）テレワークの対象者を定めた規定

　全員を対象としてもかまいませんが、導入にあたっては、勤続年数、育児介護中の労働者に限定するなど、導入目的に合わせて対象者に制限をかけることも検討してください。なお、労働者の意思を尊重し、希望者に限定することも考えられますが、業務命令でテレワークを命じなければならない場合もあるでしょうから、希望者に限定しないことも考えられます。

（3）テレワークの申請方法・許可制とする規定

　テレワークを希望する者は、所定の許可申請書に必要事項を記入のうえ、1週間前までに所属長から許可を受けなければならないとするなど、手続きを明確にしてください。各社の状況により、電子メール、オンライン申請とすることもあり得るでしょう。

（4）テレワークの許可基準

　許可制を採用するにあたって、許可基準を明確にしてください。客観的な基準に基づいていなければ、不許可としたことが無効と争われる可能性がありますし、テレワークを命じる業務命令の有効性が問題になることも考えられますので注意してください。

（5）テレワークを命じることができる旨の規定

労働者の意向に反し、テレワークを命じなければならない場合もあるでしょうから、業務命令としてテレワークを命じることができる旨の規定も定めることをお薦めします。

（6）労働時間に関する規定

所定労働時間、休憩時間、フレックスタイム制、事業場外みなし労働時間制など労働時間に関して明確にするとともに、労働時間の把握方法や時間外労働、休日労働の申請方法などについても明記すべきでしょう。

（7）出退勤管理の方法

従来のようにタイムカードで管理することはできないことから、出退勤の管理方法も明確にしておくべきでしょう。

（8）服務規律等

セキュリティ対策や機密情報の取扱い方法など、テレワーク特有の服務規律を定めてください。また、懲戒規程に記載することも必要でしょう。

（9）賃金や費用負担、情報通信機器の貸与など

テレワークでは交通費を支給しない、在宅勤務手当の支給など賃金が異なる場合もあるでしょうし、通信費用や環境整備などの費用を誰が負担するのか、PCなどの情報通信機器の貸与などについて明確にしておくべきでしょう。

テレワークのメリット

Q 4　経営陣がテレワークに消極的で、本格導入が進みません。経営陣にうまく説明する方法はないでしょうか。

答　テレワークには、人材確保や雇用継続、通勤の負担軽減、家庭と仕事との両立、業務の効率化、BCP対策などのメリットがあるといわれています。導入した結果、メリットを実感している企業も少なくないものの、導入段階においては、メリットに懐疑的で消極的な企業が多いと思います。消極的な経営陣を納得させるには、自社と類似した業種や規模の企業に関する導入事例を示すことや、具体的数値をもとに定量的に説明することが効果的です。

1　テレワークのメリットといわれるもの

　テレワークは、多様な働き方を許容するため、「家庭（育児・介護）との両立」、「雇用の継続」、「優秀な人材の確保」、「通勤時間の削減やワークライフバランスによる肉体的・精神的負担の軽減」、「労働意欲の向上」といったメリットがあります。

　また、テレワーク導入に伴い、業務プロセスや労務管理方法の見直しが必要となるため、「業務効率化やタイムマネジメント力の向上による生産性の向上」、「業績の適正評価」、「通勤費やオフィス維持費等のコスト削減」、「ペーパーレス化によるコスト削減」といったメリットもあります。

　その他、「BCP（Business Continuity Plan　事業継続計画）対策」、「企業イメージの向上」といったメリットもあります。

　抽象的にはテレワークのメリットを理解できたとしても、本当に上述のようなメリットが享受できるのか実感を持てないのが実際です。新型

コロナウイルスの流行に伴い、とにかく在宅勤務を緊急導入したのであれば尚更です。

　新型コロナウイルスの流行に伴って在宅勤務を実施した企業であれば、意外に何とかなるものだと感じただけで大成功だと思っていいと思います。

2　実際に導入した企業が実感した効果

　では、新型コロナウイルスの蔓延に伴いテレワーク（主に在宅勤務）を導入した企業は、実際にどういったメリットを感じたのでしょうか。緊急事態宣言後に厚労省が行った実態調査[(1)]によれば、テレワーク（在宅勤務）に関して次のような結果となっています。

実施状況	会社として制度を認めている	14.3%
	制度はないが実施者がいる	19.7%
	導入・実施していない	65.3%
	無回答	0.7%
導入・実施時期	新型コロナウイルスの流行前	26.0%
	新型コロナウイルスの流行後	63.9%
	無回答	10.1%
実際に生じた効果 （複数回答）	従業員の通勤負担の軽減	54.2%
	BCPの確保	52.5%
	家庭と仕事の両立	31.3%
	従業員のゆとりと健康的な生活の確保	27.9%
	業務の効率化・生産性の向上	27.9%
	人件費の削減	14.7%
	紙や印刷コストの削減	10.4%

(1)　厚労省委託事業「令和2年度テレワークの労務管理に関する総合的実態研究事業」

　これを見ると、まだまだ多くの企業がテレワークの実施に躊躇している様子が伺えるものの、導入した企業の多くがこれまでメリットだといわれていた効果を感じていることがわかります。

3　導入事例の呈示

　同じ調査において、テレワーク実施者の87.2%（テレワーク非実施者は46.1%）が継続してみたいと回答しており、今後、テレワークを導入しているか否かが、就職先選びの条件の1つになる可能性があります。他方で、テレワーク導入企業の半数強（56.3%）が継続的なテレワークに消極的という結果となっており、企業側の意識改革が必要といえます。

　テレワークの導入に消極的な経営陣に対してどのように訴求すればよいか悩まれているのであれば、抽象的なメリットだけでなく、自社と同業種かつ同規模の企業の導入事例などをもって説明することが効果的です。他社の導入事例は、総務省のテレワーク総合情報サイト「Telework Net」（https://telework.soumu.go.jp/）で、業種や企業規模などを選択して検索して探すことができますし、厚労省のテレワーク総合ポータルサイトでも探すことができます。

4　定量的な説明

　また、メリットを訴求するにあたっては、定性的にではなく、定量的に行うようにしてください。例えば、テレワーク導入前後で労働時間数を比較することや、交通費・電力・コピー代などのコスト比較、採用希望者の応募理由、社内意識調査（アンケート結果など）、民間や厚労省などが実施している各種調査結果を用いて説明すると効果的です。

テレワークのデメリット

Q 5 テレワークに漠然とした不安を感じるのですが、問題点や課題などのデメリットを教えてください。

答 テレワークの実施者かどうかに関係なく、労働者である以上は、使用者は労働基準関係法令を遵守しなければなりません。テレワークは、情報通信技術を用いた非対面での働き方ですから、対面で働くことを前提としたこれまでの仕組みでは、労働者の業務遂行状況や健康状態を把握しにくく、適法に労務管理を実施することは困難になります。そこで、テレワーク実施者に対しても対応可能な「労働時間管理の方法」、「人材育成の方法」、「人事評価の方法」、「業務環境整備の費用負担ルール」、「メンタルヘルス対策」などを整備しなければなりません。

1 テレワークのデメリット

テレワークを導入するにあたってのデメリットとしては、次のようなものがあるとされています。

①労働時間の把握が難しいのではないか

②長時間労働になりやすいのではないか

③進捗状況の管理が難しいのではないか

④人事評価が難しいのではないか

⑤人材育成が難しいのではないか

⑥コミュニケーションがうまく取れないのではないか

⑦情報流出などセキュリティに不安がある

⑧機器や通信費などのコストが増えるのではないか

これまでは対面での働き方を前提に労務管理を行ってきたことから、

非対面での働き方に対応した労務管理を実施しなければならず、これがテレワーク導入の主なデメリットといえます。見方を変えれば、デメリットとされる部分に対応できれば、テレワークのメリットを享受できると前向きにとらえることができるでしょう。

2　労働時間の把握が難しいのではないか

テレワークか否かに関わらず、労働者である以上は、労働基準関連法令の適用を受けますので、使用者は、労働者の労働時間を把握する義務があります。これまでは、出退勤時にタイムカードを打刻する方法で客観的に始業・終業時刻の把握や記録を行い、外出はホワイトボードへ記入するといった方法で行ってきた企業が多いのではないでしょうか。テレワークでは他の方法でこれを実施することになります。例えば、始業・終業時に電話やEメール、チャットツールで報告させる方法、勤怠管理ツールやシステムの導入によって行うことになります。電話やEメール、チャットツールで報告させる方法の場合、業務報告などと混ざりこんでしまうなど労働時間管理を正確に行うことは難しいといえます。継続的にテレワークを実施するには、勤怠管理ツールやシステムの導入が望ましいと思います。勤怠管理ツールやシステムには、出退勤時の時刻管理だけのものから、位置情報まで把握できるもの、中抜け申請、残業・休日出勤申請が組み込まれているもの、フレックスタイム制や事業場外みなし労働時間制に対応しているもの、給与計算まで行えるものなどがありますので、費用対効果を検討して導入することになります。

3　長時間労働になりやすいのではないか

テレワークは、業務効率が下がり残業が増加するのではないか、私生活と仕事の区分けが曖昧になり、だらだらと深夜や休日にまで働くのではないかなどと、長時間労働の誘発が懸念されます。

　この点、厚労省の実態調査[1]によれば、長時間労働になりやすいと回答したテレワーク（在宅勤務）実施者は10.6％に過ぎず、企業側への調査でもテレワーク（在宅勤務）の方が法定時間外労働・深夜・法定休日労働が「やや少ない」、「少ない」とする回答が過半数であることから、懸念しているほど長時間労働には繋がっていないことがわかります。他方で、30.4％の企業が「オフィスで勤務する従業員へのしわ寄せが生じている」と回答しており、テレワーク非実施者との調整が必要であることがわかります。

　なお、長時間労働防止の観点から、テレワークについては時間外・深夜・休日労働を原則禁止する企業も多いと思われますが（事前許可制を含む）、無断で時間外労働等を行ったからといって労働時間とならないわけではありません。厚労省のガイドライン[2]の趣旨を踏まえると、業務量やメール送信時刻や成果物などから、使用者が時間外労働等の事実を推認できる場合には、労働時間と扱われる可能性がありますので注意してください。

4　進捗状況の管理が難しいのではないか

　これまでは、会議で報告させる、共有を兼ねてＥメールにCCを入れて報告させるなどの方法により業務進捗を確認し指示することもありますが、日々の細かなことは、口頭による報連相によって把握するというのが多いと思います。目の前で働いているので、口頭で確認や指示が可能でした。テレワークになれば、業務進捗を確認することや指示をすることが難しいのではないかといわれています。この点、電話、Ｅメール、チャットツール、web会議システム、進捗管理ツールなどを活用すれば管理すること自体は問題なく行えるでしょう。

---

[1]　厚労省委託事業「令和２年度テレワークの労務管理に関する総合的実態研究事業」
[2]　「テレワークの適切な導入及び実施の推進のためのガイドライン」（厚労省令3.3.25公表。**173頁以下**）

5　人事評価が難しいのではないか

　テレワーク実施者は、非対面での働きを評価することが必要になり、人事評価が難しいのではないかといわれ、成果主義型賃金体系に変える必要があるのではないかと身構える使用者も少なくない印象です。しかし、テレワークと人事評価制度とは直結せず、従来どおり業績や成果で評価すれば足ります。テレワークが非対面での働き方である以上、成果を中心に人事評価を行うことになるのは仕方ありません。もっとも、部署間や取引先との調整など非対面では見えない働きが重要な業務も少なくなく、成果が出るまでの過程を見える化し、これを評価できるようにしなければ、労働者のモチベーションを低下させてしまいます。使用者は、労働者に対して、どういった働き方をしてほしいかを明確に伝えることが求められますし、労働者としても具体的に目標を設定し、達成状況をアピールすることが必要となってきます。多くの企業で採用されている目標管理制度を充実させることは有益だと思います。

6　人材育成が難しいのではないか

　テレワークでは、OJTによる教育を実施する機会が少なくなります。業種によってはオンラインで研修することが可能な場合もありますが、基本的にはOJTなくして人材育成は困難でしょう。そこで、テレワーク対象者を「勤続●年以上」に限定することや完全なテレワークではなく、出社を命じることができるようにルールを策定しておくことが必要です。

7　コミュニケーションがうまく取れないのではないか

　社内コミュニケーションの不足は、組織の一体感が薄れ、業務にも悪影響が生まれます。また、コミュニケーション不足は、ハラスメントの

原因にもなり得ますので、コミュニケーションをうまく取れるかどうか
は企業にとって重大関心事です。前記実態調査において、企業側と従業
員側の双方から従業員間のコミュニケーションがとりづらいという回答
が多くされており、コミュニケーションの問題は大きな課題といえま
す。現状、チャットツールやweb会議システムを活用してコミュニケー
ションを補い、定期的に出社日を設けることで対応していくことになり
ますが、仮想空間にオフィスを設け、アバターを出社させるなどのサー
ビスも生まれており、コミュニケーションの問題も改善される可能性が
あります。

8　情報流出などセキュリティに不安がある

　セキュリティ対策がされたモバイル端末やシンクライアント端末を利
用して、事業場外で業務を行うことはこれまでも頻繁に行われており、
個々の技術的リスクはそれほど大きくないといえます。もっとも、テレ
ワークが増えれば、紛失や盗難、覗き見などの人的リスクが増大します
し、自宅PCのセキュリティ対策を確認することも求められます。必要
な対策については、総務省においてセキュリティガイドライン[3]や
チェックリスト[4]が公開されているので活用してください。

9　機器や通信費などのコストが増えるのではないか

　これまでは、使用者が準備した事業場で、使用者が準備したデスクや
通信機器などを用いて働くことが当たり前でした。テレワークでは、労
働者が所有するデスクやPC、通信回線を用いることやサテライトオ
フィスの利用料が発生することがあります。使用者と労働者のどちらが

---

(3)　「テレワークセキュリティガイドライン　第4版」（総務省平30.4）
(4)　「中小企業等担当者向け　テレワークセキュリティの手引き（チェックリスト）（初版）」（総務
　　省令2.9.11（ver.1.0）

費用を負担しなければならないという決まりはなく、労使が協議して
ルールを決めることで労働者の負担とすることも可能です。トラブルに
ならないよう、最低限、機器購入費用、通信費、消耗品購入費、光熱費、
交通費、請求方法については明確にしておくべきでしょう。労働者に通
信機器、作業用品、通信費用などを負担させるには、就業規則に定める
必要がありますので注意してください。テレワーク環境を一度に整えよ
うとするとそれなりのコストが増加するものの、順次変えていくことで
急激なコスト増加にはならないでしょう。

第2章

テレワークにおける労務管理

テレワークと労働基準関連法

Q 6 労働基準法などの法律は、テレワークに適用されるのでしょうか。

答 　テレワークには雇用型テレワークと自営型テレワークとがあります。雇用型テレワークは、テレワーク実施者が労働者である以上、労働基準関係法令は適用されます。他方、自営型テレワーク（注文者から委託を受け、情報通信機器を活用して主として自宅又は自宅に準じた自ら選択した場所において、成果物の作成又は役務の提供を行う就労）には労働基準関係法令は適用されません。

1　雇用型テレワークと自営型テレワーク

　雇用型テレワークとは、企業に雇用されながら、在宅勤務やモバイル勤務、サテライトオフィス勤務といったテレワーク勤務をする場合です。現在、労働（雇用）契約を前提に多くの企業で取り組まれているものが雇用型テレワークです。

　他方、自営型テレワークとは、注文者から委託を受け、情報通信機器を活用して主として自宅又は自宅に準じた自ら選択した場所において、成果物の作成又は役務の提供を行う就労をいいます（法人形態により行っている場合や他人を使用している場合等を除く。）。請負契約や業務委託契約（準委任契約）といった形態で行うテレワークです。

　両者は、雇用契約や請負契約・業務委託契約といった契約名称で区別されるものではなく、使用者の指揮命令下にあるか否かなどの実態をもって区別されています。

2　労働者に適用される法令

　労働基準関係法令には、代表的なものとして、労働契約法、労働基準法、最低賃金法、労働安全衛生法、労働者災害補償保険法などがあります。法令の適用対象は、各法令で定められています。この点、労契法2条1項では「この法律において『労働者』とは、使用者に使用されて労働し、賃金を支払われる者をいう。」とされ、労基法9条では、「この法律で『労働者』とは、職業の種類を問わず、事業又は事務所（以下『事業』という。）に使用される者で、賃金を支払われる者をいう。」とされており、「使用されて労働する者で賃金を支払われる者」が労働者であることになります。厳密には労契法と労基法で労働者の概念は異なりますが、同じ意味と考えておいて差支えありません。また、最賃法や安衛法でも労基法9条の労働者と同じとされていますし、労災保険法は、労基法の災害補償を受けるべき労働者を対象とするので、労災保険法と労基法の労働者は同じです。すなわち、労基法上の労働者であれば、労働基準関係法令が適用されると考えておけばよいでしょう。その他、健康保険法、介護保険法、厚生年金保険法などについてもテレワークか否かではなく、労働者に該当すれば適用されます。有期雇用、パートタイム、派遣などの雇用形態に応じた法令の適用もあります。

　なお、労組法3条では「この法律で『労働者』とは、職業の種類を問わず、賃金、給料その他これに準ずる収入によって生活する者をいう。」とされており、労基法上の労働者とは微妙に異なりますが、概ね同じ概念だと考えておいてもらえれば構いませんので、誌面の関係上、ここでは割愛します。詳しく知りたい場合には、「労使関係法研究会報告書（労働組合法上の労働者性の判断基準について）」（労使関係法研究会平23.7）が参考になります。

　あまり難しく考える必要はなく、テレワークであるか否かによって法令の適用に違いはないという理解で十分でしょう。

3 雇用型テレワークと自営型テレワークとの区別（労働者性）

「使用されて労働する者で賃金を支払われる者」とは、労働監督行政の運用や裁判実務上では、「使用従属関係にある」ことが判断基準とされ、①仕事の依頼への許諾の自由があるか否か、②業務遂行上の指揮監督がされているか否か、③時間的・場所的に拘束されているか否か、④代替性があるか否か、⑤報酬の算定・支払方法を主たる考慮要素とし、⑥機械・器具をどちらが負担するか、報酬が高額であるか否かなどからみる事業者性の程度、⑦他の業務に従事することが可能か否かという専属性などを補強的要素として判断されています[1]。

4 テレワークの浸透による影響

自営型テレワークでは、アプリ開発やシステム開発など一定の仕事の完成に対して報酬を得る形式が一般的で、指揮監督の程度も弱く、納期までに仕事を完成すればよいというものでした。仕事を断ることも自由で、「使用従属関係」にはない場合が通常だったといえます。しかし、情報通信技術の進歩に伴い、同じテレワーカーに対して長期継続的かつ反復して業務を任せるようになり、依頼を事実上断れない専属的関係になるとともに、詳細に指揮命令することが行われる可能性があります。このような関係になれば、自営型テレワークだと思っていたものが、実は、雇用型テレワークだと判断される可能性があります。

---

[1] 参考：「労働基準法研究会報告（労働基準法の「労働者」の判断基準について）」（労働基準法研究会昭60.12.19）

テレワーク採用

Q 7 テレワークを予定して採用する場合、労働条件通知書などへ記載する必要があるでしょうか。

答　使用者は、労働契約を締結するにあたり、労働者に対して、就業場所に関する事項を明示しなければならず、テレワークは、自宅やサテライトオフィス、カフェなど事務所（オフィス）以外を就業場所とする働き方ですから、テレワークを行う場所を明示することが求められます。その他、労働契約の期間に関する事項、有期雇用の更新基準に関する事項、始業や終業時刻など労働時間に関する事項、賃金に関する事項、退職に関する事項（解雇の事由を含む）についてのみ書面で通知すれば足りますが、誤解を生まないようできる限り他の事項についても書面などで明示することが望ましいでしょう。なお、採用時だけでなく、労働者の募集・求人段階においても就業場所の明示が必要とされており、テレワークを予定しているのであれば、テレワークを行う場所を明示しなければなりません。

1　労働条件の明示義務

（1）労働契約の締結時

　労働契約の締結に際し、使用者から労働者に明示すべき事項や明示方法は、労基法15条、労基則5条で定められています。

書面の交付による明示事項	口頭の明示で足りる事項
●労働契約の期間 ●有期労働契約を更新する場合の基準 ●就業の場所、従事する業務の内容	●昇給に関する事項 ●退職手当の定めが適用される労働者の範囲、退職手当の決定、計算及び支払の方法並びに退職

● 始業及び終業の時刻、所定労働時間を超える労働の有無、休憩時間、休日、休暇並びに労働者を２組以上に分けて就業させる場合における就業時転換に関する事項	手当の支払の時期に関する事項
	● 臨時に支払われる賃金（退職手当を除く。）、賞与及び労基則８条各号に掲げる賃金並びに最低賃金額に関する事項
● 賃金（退職手当及び労基則５条５号に規定する賃金を除く。）の決定、計算及び支払の方法、賃金の締切り及び支払の時期に関する事項	● 労働者に負担させるべき食費、作業用品その他に関する事項
	● 安全及び衛生に関する事項
	● 職業訓練に関する事項
	● 災害補償及び業務外の傷病扶助に関する事項
● 退職に関する事項（解雇の事由を含む。）	● 表彰及び制裁に関する事項
	● 休職に関する事項

＊労働者が希望する場合にはFAX・電子メール可

（2）労働者の募集時

　ハローワーク等へ求人申込みをする際や、ホームページ等で採用募集を行う場合には、労働契約締結までに、業務内容、契約期間（期間の定めの有無、期間など）、試用期間の有無・期間、就業場所、就業時間や休憩時間、休日、時間外労働に関する事項、賃金（固定残業代の定め含む）、加入保険の状況、募集者の氏名又は名称、派遣労働者として雇用する場合はその旨、就業場所における受動喫煙の防止措置について、書面の交付（求職者が希望する場合には、FAXや電子メールによることも可能）によって明示しなければなりません（職安法５条の３、職安規則４条の２第３項、同４項、告示・指針[1]）。

---

[1]　職業紹介事業者、求人者、労働者の募集を行う者、募集受託者、募集情報等提供事業を行う者、労働者供給事業者、労働者供給を受けようとする者等が均等待遇、労働条件等の明示、求職者等の個人情報の取扱い、職業紹介事業者の責務、募集内容の的確な表示、労働者の募集を行う者等の責務、労働者供給事業者の責務等に関して適切に対処するための指針（平11.11.17労働省告示第141号、改正：令3.3.24厚労省告示第94号）ほか

2　テレワークにおける就業場所等の明示

　テレワークで働く者にとっての就業場所としては、自宅やサテライトオフィス等、テレワークを行うことが可能である場所を就業場所として募集時と労働契約時に明示することが求められます。もっとも、就労開始時にテレワークを行わせない場合には、就労開始時の就業場所を記載することになります。専らモバイル勤務をする場合等、業務内容や労働者の都合に合わせて働く場所を柔軟に運用する場合には、「使用者が許可する場所」とすることも可能です。

　なお、テレワークか否かに関わらず、始業及び終業時刻の変更を行うなど、上記の明示事項に関わる事項は当然明示しなければなりませんし、就業規則の必要的記載事項にも該当する事項は就業規則に明記しなければなりません（就業規則の記載事項については、**Q3** を参照）。

テレワーク勤務命令

Q8 新たにテレワークを導入し、従業員に在宅勤務を命じたのですが、出社勤務を希望されました。強制的に在宅勤務を命じることはできるのでしょうか？　また、テレワークを希望する労働者に出社を命じることは可能でしょうか。

答　就業規則にテレワーク勤務を命じる権限が規定されているなど、労働契約の内容となっていることを前提として、業務上の必要性が存在しない場合や業務上の必要性が存在するとしても、不当な動機や目的をもってなされた場合、若しくは労働者に対し通常甘受すべき程度を著しく超える不利益を負わせるものでなければ、労働者の意思に反するテレワークを命じることは可能です。また、テレワークを許可制にすることで、テレワーク希望者に出社を命じることが可能です。

1　テレワーク命令の根拠

　テレワークは、就業場所を自宅など事業場外とするものであって、配転の一種といえますので、配転命令権が就業規則に規定されていれば、この規定を根拠にテレワークを命じることが可能だと考えることができます。もっとも、配転命令権も職種や勤務場所が限定されている労働者に対しては行使できないとされていることから、採用時にテレワークが予定されておらず、使用者にテレワーク命令権がないとして争われる可能性があります。そこで、「会社は、業務上の必要があるとき、就業規則第●条に規定する在宅勤務対象者の定めに関わらず、従業員に対し、在宅勤務を命じることができる。」などと、テレワークを命じることができる旨を就業規則へ明記し、明確に労働契約の内容としておくべきで

す（就業規則の作成義務がない場合には、募集条件や労働条件通知書に明記しておくことが望ましいです。）。特に、テレワーク対象者を希望者や介護育児中の労働者に限定している場合には、テレワーク対象者以外はテレワークが予定されていないと解釈される余地があるため注意してください。

　なお、就業規則を変更して新たにテレワークを導入する場合、就業規則の不利益変更にあたるか問題になり得ますが、テレワーク自体は、多様な働き方を実現するもので、働き方改革においても推奨されていますし、一概に不利益といえないため、不利益変更には該当しないと考えられます。

　もっとも、改正されたテレワークガイドライン（「テレワークの適切な導入及び実施の推進のためのガイドライン」（厚労省令3.3.25公表））では、勤務場所や業務遂行方法の範囲を超えて労働者にテレワークを行わせる場合には、労働者本人の合意を得た上での労働契約の変更が必要だとされ、また、不利益変更に該当しうるような記載となっていることから、テレワークの導入は、労働条件の不利益変更に該当するとして慎重に取り扱うべきでしょう。

2　権利濫用

　テレワークを命じる根拠があるとしても、無制限にテレワークを命じることができるわけではなく、濫用することは許されません。テレワーク命令は就業場所を変更するものですから、どういった場合に濫用となるかは、配転命令に関する基準が参考になります。

　配転命令の有効性に関するリーディングケースである東亜ペイント事件（最二小判昭61.7.14労判477号6頁）において、①当該転勤命令につき業務上の必要性が存しない場合、又は②業務上の必要性が存する場合であっても、配転命令が他の不当な動機・目的をもってなされたものである場合、若しくは③労働者に対し通常甘受すべき程度を著しく超え

る不利益を負わせるものであるときに権利濫用として無効となるとされています。

業務上の必要性がないような場合や退職させる目的など不当な動機・目的でテレワークを命じれば権利濫用として無効となることは当然といえるでしょう。私見にはなりますが、テレワーク自体が多様な働き方を実現する手段として推奨されていることからすれば、テレワークの実施を試みること自体に業務上の必要性があるといえるでしょう。また、テレワークを実施すること自体が労働者に対し通常甘受すべき程度を著しく超える不利益を負わせることも想定しにくいように思います。例えば、テレワークが困難な業務について、業務プロセスの見直しなども行わず、テレワークを命じるような場合が該当するかもしれません。

3 出社命令

労働契約において、出社勤務が原則となっていることが通常ですから、出社を命じることは可能です。もっとも、就業規則の定め方によっては、テレワークが労働者の当然の権利と解釈される場合があるので、あくまで、テレワークは、労働者の申請により、使用者が許可して実施することとし、テレワークを使用者の判断で中止できるようにしておくべきでしょう。

就業規則規程例

（対象者）

第●条　在宅勤務の対象者は、就業規則第●条に規定する従業員であって次の各号の条件を全て満たした者のうち、会社が許可したものとする。

①在宅勤務を希望する者

②勤続1年以上の者でかつ自宅での業務が円滑に遂行できると認められる者

※育児、介護、従業員自身の傷病等により出勤が困難と認められる者

③自宅の執務環境、セキュリティ環境、及び家族の理解のいずれも適正と認められる者

（許可手続き）

第●条　在宅勤務を希望する者は、所定の申請書に記入し、会社に提出しなければならない。

2　会社は、在宅勤務を希望する者の適性、業務内容、能力、作業環境、人員配置、他の従業員の業務への影響等を考慮し、適当と認める場合には許可することができる。

3　会社は、業務上その他の事由により、前項による在宅勤務の許可を取り消すことができる。

（テレワーク命令）

第●条　会社は、業務上の必要があるとき、就業規則第●条に規定する在宅勤務対象者の定めに関わらず、従業員に対し、在宅勤務を命じることができる。

※　テレワークの導入を育児・介護などにより出勤が困難と認められる者に限定する場合の例。

労働時間の把握義務

Q 9 テレワークの場合、労働時間をうまく把握することができないのではないかと思うのですが、会社は、どこまで把握すべきなのでしょうか。

答 テレワークであっても、通常の労働者と同様に、原則として始業・終業時刻を客観的に確認し、記録することが必要です。また、情報通信機器を用いてどこでも働けるようになり、見えない労働時間が発生しやすいことや、中抜けが生じやすいという特徴があることを意識して、使用者の明示又は黙示の指揮命令下にある労働時間を適切に把握することが必要です。

1 労働時間の把握義務

　厚労省が令和3年（2021年）3月25日に策定した「テレワークの適切な導入及び実施の推進のためのガイドライン」（**173頁以下**）によれば、「労働時間の適正な把握のために使用者が講ずべき措置に関するガイドライン」（厚労省平29.1.20策定。**193頁以下**）を踏まえて、適切に労働時間管理を行なうことが前提とされています。同ガイドラインにおいても、「使用者（使用者から労働時間を管理する権限の委譲を受けた者を含む。以下同じ。）が労働時間の適正な把握を行うべき対象労働者は、労働基準法第41条に定める者及びみなし労働時間制が適用される労働者（事業場外労働を行う者にあっては、みなし労働時間制が適用される時間に限る。）を除く全ての者」とされており、テレワークであっても対象とされています。

　そこで、テレワークであっても、労働者である場合には、同ガイドラインに基づいて労働時間を把握することになります。同ガイドラインによれば、使用者の明示又は黙示の指示により労働者が指揮命令下に置か

れた時間を労働時間であるとしたうえで、使用者は、労働時間の適切な把握のために、原則として、「使用者が、自ら現認することにより確認し、適正に記録する方法」、「タイムカード、ICカード、パソコンの使用時間の記録等の客観的な記録を基礎として確認し、適正に記録する方法」のいずれかの方法により、始業・終業時刻を確認し適正に記録しなければなりません。そして、例外的に、自己申告制により行わざるを得ない場合には、「同ガイドラインを踏まえ、労働時間の実態を正しく記録し、対して適正に自己申告を行うことなどについて、労働者に十分な説明を行うこと。」、「実際に労働時間を管理する者に対して、自己申告制の適正な運用を含め、同ガイドラインに従い講ずべき措置について十分な説明を行うこと。」、「自己申告により把握した労働時間が実際の労働時間と合致しているか否かについて、必要に応じて実態調査を実施し、所要の労働時間の補正をすること。」、「自己申告の時間を超えて事業場にいる時間について、その理由等を労働者に報告させる場合には、当該報告が適正に行われているかについて確認すること。」、「自己申告できる時間外労働の時間数に上限を設け、上限を超える申告を認めない等、労働者による労働時間の適正な申告を阻害する措置を講じないこと。」などが求められています。

2　テレワークにおける留意点

　テレワークは出社勤務と異なり、事務所（オフィス）へ出社しないため、タイムカードによる管理はできません。始業・終業時刻に出社している人に電話などで連絡し、代わりにタイムカードを打刻してもらうことも考えられますが、打刻忘れや不正な打刻がされる可能性も否定できず、避けるべきでしょう。テレワークでは、始業・終業時刻の把握方法（勤怠管理）を工夫する必要があります。

　育児や介護との両立を目的とするテレワークなどでは、一定程度労働者が業務から離れることが生じることも多く、中抜け時間の把握方法も

工夫する必要があります。

　また、テレワークは、見えないところで、情報通信機器を用いて業務を行うことから、隠れた時間外労働や深夜・休日労働が生じやすいですし、通勤時間や移動時間でも業務を行うことが可能であるため、出社勤務以上に、明示又は黙示の指揮命令下にあるか否かを意識する必要があります。

　その他、テレワークは、フレックスタイム制や事業場外みなし労働時間制、裁量労働制を採用することも可能であることから、採用する制度に応じた対応も必要になります。

勤怠管理

Q 10 これまでタイムカードで出退勤を管理してきたのですが、テレワークでは、どのような方法で管理すればよいでしょうか。

答　テレワークにおいても、使用者は、始業・終業時刻を自ら現認するか、客観的な記録を基礎として確認し、記録することを原則として求められ、例外として、やむを得ない場合に自己申告によることができます。テレワークでは、電話の着信時刻やＥメール、チャットツールによる送信時刻によって客観的に始業・終業時刻を確認し、それを記録に残すという方法やパソコンの起動、シャットダウンのログで管理することが多いと思います。もっとも、多数の労働者を一括管理する方法としては煩雑になってしまう場合も多く、勤怠管理ツールや勤怠管理システムの導入を検討すべきでしょう。

1　テレワークにおける労働時間の把握

　テレワークであっても、使用者は、みなし労働時間制が適用される労働者や労基法41条に規定する労働者を除き、原則として、始業・終業時刻を使用者自ら現認するかパソコン等のログを記録するなどの客観的な記録を基礎として確認し、記録しなければならず、自己申告制はこれを行わざるを得ない場合に限り許されます（「テレワークの適切な導入及び実施の推進のためのガイドライン」（厚労省令3.3.25公表。**173頁以下**）、「労働時間の適正な把握のために使用者が講ずべき措置に関するガイドライン」（厚労省平29.1.20策定。**193頁以下**））。

2　電話やEメール等による報告

　電話やEメール、チャットツール、web会議システムなどを用いて、始業・終業時に上司へ連絡させる方法が考えられます。実際、新型コロナウイルスの流行に伴い緊急措置としてテレワークを導入した企業の多くは、この方法で勤怠管理を行っているようです。これは、労働時間管理を行う者が直接始業時刻や終業時刻を確認しているともいえるでしょうし、電話の着信時刻やEメールなどの送信時刻といった客観的な記録を基礎に労働時間を把握するものといえます。

　もっとも、受信者による記録や履歴を確認することが必要となりますし、労働者によって管理方法が異なることにもなりかねませんので、長期的に多数の労働者を管理する方法としては適さないといえます。

3　パソコンの使用時間による客観的な確認方法

　前記ガイドラインでは、原則的な管理方法として、パソコンの使用時間の記録によることが例示されています。もっとも、テレワークでは、労働者の自宅にある私物パソコンを利用することもあるでしょうから、パソコンの使用履歴を全て把握することは現実的ではないかもしれません。また、パソコンの使用時間と始業・終業の時刻とは一致しないことが多く、タイムカードのように、始業時にパソコンを立ち上げ、終業時刻にパソコンの電源を落とすことを徹底しないといけないでしょう。パソコンの使用時間と労働時間が一致しない場合に、修正の申告をさせて上長が承認するという手続きも必要になるでしょうから、労働時間の管理としては煩雑になると思われます。

4　勤怠管理ツールなどの活用

　勤怠管理ツールとしては、メールの送信時刻やパソコンの起動・終了

時刻を示すログを自動検知し、「最初のログがあった時刻」を始業時刻、「最後のログがあった時刻」を終業時刻として集計するタイプのものや、スマートフォンやパソコンを用いてオンライン上で始業・終業時刻をタイムカードの打刻のように申告するタイプのものなど様々あります。パートタイムなどの雇用形態、フレックスタイム制などの労働時間制に対応できるもの、GPSにより就労場所を検知することで虚偽申告やエラーを発見できる機能や申告漏れ、残業時間を知らせるアラート機能、給与計算ソフトとの連動機能、休暇申請機能、ワーケーション機能を備えるものなど、労務管理全般を行えるものがあります。勤怠管理ツールは、テレワーク導入のためだけでなく、労務管理の効率化も視野に入れ、どこまでの機能を採用するかを検討することになります。

在席管理 ①

Q 11　従業員がさぼっているのではないかと心配です。従業員はどのように管理すればよいでしょうか。

答　パソコンのログ履歴やEメール、チャットツールの送受信を収集することや成果物を確認することで労働者の就労状況を把握することが可能です。もっとも、労働者のプライバシーへ配慮し、使用者が勤務状況を把握するためにパソコンのログ履歴等の調査をできる旨を就業規則に明記するなど、テレワーク時のルールを定めた規定を作成し、これを労働者に周知しておくことが不可欠でしょう。なお、出社勤務であっても、パソコンで業務と関係ない作業をする、外出中にコンビニなどでさぼるということは起こりうるものです。テレワークになったとたん、逐一報告させるなどして作業内容を把握しようとすれば、労働者のモチベーションを下げかねませんので、過度に報告させるなどの監視は避けるべきです。

1　労働義務・職務専念義務

　労契法6条で「労働契約は、労働者が使用者に使用されて労働し、使用者がこれに対して賃金を支払うことについて、労働者及び使用者が合意することによって成立する。」とされており、労働契約は、「労働者が使用者に使用されて労働すること」、「これに対して賃金を支払うこと」を本質とする契約です。労働者は、使用者の指揮命令に従い、労働契約の内容となっている労働を提供する義務を負い、労働時間中は職務に専念しなければなりません。また、民法624条1項で「労働者は、その約した労働を終わった後でなければ、報酬を請求することができない。」

とされており、原則として、労働者から労務の提供を受けなければ、使用者は賃金を支払う必要がありません（ノーワーク・ノーペイの原則）。労働者が使用者の指揮命令下に置かれている時間を労働時間として扱い、使用者は当該時間に応じた賃金を支払うことになります。

2　出社勤務の場合

　出社勤務の場合は、特定の事業所を就業場所に指定しつつ、席に座っているか現認し、外出にあたっては、目的や理由、訪問先、時間などを事前若しくは事後に口頭や日報作成、スケジュール管理ツールへの入力などの方法で報告させ、指揮命令下で働いているか否かを把握するのが一般的だと思います。このような管理方法は、基本的に一度は事業所へ出社するために、使用者としては直接顔を見て出入りを確認する機会があることで安心感があります。また、労働者の側としては、嘘を言いにくい状況といえます。ただ、実際、席に座ってパソコンに向かっているからといって真面目に仕事をしているとは限りませんし、外でさぼっているかもしれませんので、さぼるかもしれないという心配は、テレワークに限った問題ではありません。そもそも、これまでの管理方法がベストではないと考え、新たな管理方法を検討する時期にあると思います。

3　テレワークの場合

　これまでも労働者が職務に専念しているか逐一把握できているわけではなく、テレワークになったとたん厳密に把握しようとすると、労働者のモチベーションを下げかねません。そこで、監視されているというプレッシャーを労働者にあまり感じさせることなく管理する方法を考えるべきです。

　労働者の勤務状況は、パソコンのログ履歴、Ｅメール、サーバーへのアクセス履歴、成果物を見れば概ね把握することができます。もっと

も、使用者の指揮命令に従って労務を提供し、職務に専念すべき義務が労働者にあるとしても、使用者が必要もなく無制限にパソコンのログ履歴やEメールを調査できるわけではありません。特にテレワークでは労働者の機器を用いる場合もあるので、勤務状況を把握するなど必要な場合に、使用者がテレワークに利用することを許可したパソコン等の機器に関し、ログ履歴やEメール、ファイルなどを調査し、閲覧・保存できる旨、就業規則に明記し、プライバシーのない機器としておくべきでしょう。テレワークに関するルールや服務規律、懲戒規定などを明記したテレワーク規程（就業規則）を別途作成し、労働者へ周知することは、労働者の自覚を促す意味でも有益です。

　パソコンのログ履歴等を頻繁に調査することは面倒でもありますので、実際は、電話やEメール、チャットツールなどによる日常的なやり取りで大まかに把握し、不審な点があればパソコンのログ履歴等を調査するということになると思います。

　特に在宅勤務に関してですが、テレワークでは、就業場所に家族や第三者がいることで、業務を中断せざるを得ない場面もあるでしょうから、仮にログ履歴等で業務を離れている時間が判明したとしても、労働者と話しをして、テレワークが難しいようであれば、フレックスタイム制の採用、中抜け（休憩）申請の手続きを見直すなど柔軟に対応することが望まれます。場合によっては、テレワークを中止することも検討してください。

　なお、最近の勤怠管理ツールには、パソコンの起動や終了、作動状況の情報を自動で収集し、怪しい場合にはアラートを出す機能もあるようです。多数の労働者を一元的に管理するのであれば、こうしたツールを利用することも検討すべきでしょう。

在席管理 ②

Q 12

弊社の社員Ａは母親の介護が必要となり、負担軽減のためにテレワークとしました。Ａもいろいろと工夫をしながら介護と仕事の両立に努めてくれてはいるのですが、母親の体調の変動が大きく、Ａの自己申告どおりに中抜け（休憩）扱いにしています。これで大丈夫でしょうか。

答　質問のようにテレワーク中の中抜けを柔軟に認め、家庭生活と仕事との両立を実現することで多様な働き方を認める企業も増えてきました。中抜け時間は、労働者が業務から解放され自由利用を保障されれば休憩時間と扱うことが可能です。多くの企業が中抜け時間を休憩時間と扱っているものの、中抜け時間を正確に把握することは容易ではなく、労働者の自己申告に従っているというのが実情だと思います。もっとも、使用者は、労働者の労働時間を正確に把握する義務があり、自己申告によらざるを得ないとしても、自己申告が正しいのか否か実態調査を行うなどの対応が求められますので、パソコンのログ履歴、Ｅメールの送受信時間などで不自然なところがあれば、事情を聴き修正することが必要です。

1　賃金を支払うべき労働時間

　労働契約は、労働者が使用者の指揮命令に従って労務を提供し、その対価として賃金を請求することができる契約であり、使用者は、労働者から労務の提供がされなければ、賃金を支払う必要はありません（ノーワーク・ノーペイの原則）。使用者は、労働者に対して、労務提供を受けた時間に応じて賃金を支払うことになります。この賃金を支払うべき

時間を実労働時間といい、始業・終業時刻を固定する一般的な労働時間制度においては、実際の始業時刻から終業時刻までの時間（拘束時間）から休憩時間を除いた時間がこれに該当します。

判例⁽¹⁾やガイドライン⁽²⁾によれば、実労働時間とは、使用者の指揮命令下に置かれている時間をいい、使用者の明示の指示だけでなく、黙示の指示により労働者が業務に従事する時間も実労働時間に該当します。また、指揮命令下にあるか否かは、労働契約や就業規則、労働協約等の定めにかかわらず、具体的事案に応じて客観的に判断されます。

2　中抜け時間の取り扱い

使用者は、労働時間が6時間を超える場合においては少なくとも45分、8時間を超える場合においては少なくとも1時間の休憩時間を労働時間の途中に与えなければならないものの（労基法34条）、これ以上の休憩時間を与えることは何ら問題ありません。

テレワークでは、始業時刻から終業時刻までの間に、労働者が業務から離れる時間、いわゆる中抜けが生じやすくなりますが、この中抜け時間を労働者が自由に利用できる時間とすることで休憩時間と扱うことは可能です。

なお、労使協定を締結し、休憩時間ではなく時間単位の年休とすることも可能です。

---

(1)　「労働基準法上の労働時間とは、労働者が使用者の指揮命令下に置かれている時間をいい、右の労働時間に該当するか否かは、労働者の行為が使用者の指揮命令下に置かれたものと評価することができるか否かにより客観的に定まるものであって、労働契約、就業規則、労働協約等の定めのいかんにより決定されるものではない。」（三菱重工業長崎造船所事件、最一小判平12.3.9民集54巻3号801頁）

(2)　「労働時間の適正な把握のために使用者が講ずべき措置に関するガイドライン」（厚労省平29.1.20策定。**193頁以下**）

3　中抜け時間の把握義務

　労働者を保護すべく、労基法が賃金全額払いの原則を定め（労基法24条1項）、時間外労働等を厳格に規制していることから、労務提供の対価として賃金を支払う義務を負う使用者は、労働者の労働時間を適正に把握する義務があります。このため、中抜けを休憩として扱うとしても、使用者は、中抜け時間を正確に確認・記録しなければなりません。電話やEメール、チャットツールなどで中抜け申請をしてもらうことで中抜け時間を把握することも可能ですが、中抜けが頻繁にある場合や、急な申請に対応するのは難しく、結局、事後的な自己申告に頼らざるを得ません。

　確かに、労働者が、賃金の発生しない時間を自ら申告するのですから、嘘をついてまで不利益な申告をするとは考え難く、一般的には労働者の申告を信用できるのかもしれません。しかし、精一杯働いてはいないものの、片手間で仕事をしていた時間について、気を遣って中抜けとして申告する可能性も否定できません。前記ガイドラインでも、使用者は、自己申告制によるとしても、実際の労働時間と合致しているか否か必要に応じて実態調査を行い、補正すること等が求められているとおり、使用者は手放しで労働者の自己申告を信用することは許されません。自己申告制によるとしても、定期的にパソコンのログ履歴を確認し、中抜け時間に働いた形跡があれば事情を聴くなどして補正対応をしなければなりません。

在席管理 ③

 13 弊社の社員Ａには小１の男子がいるのですが、感染症対策で小学校が長期間休校となっていた時期は常に母親のＡにまとわりついていて仕事にならなかったということでした。出社を命じることもできず、これまでどおり給料を払っていましたが、どのように扱えばよかったのでしょうか。

答　労働者は、使用者の指揮命令のもとで労務を提供し、職務に専念する義務を負っています。職務に専念できない状況なのであれば、基本的にテレワークに適さないため、出社勤務を命じることになります。質問のように、出社勤務も困難な場合であれば、職務に専念して労務提供できない以上、原則として欠勤扱いにすることになります。使用者の指示に即応する義務がない状態とすることや随時具体的な指示に基づいて業務をさせないことなどの配慮が必要ですが、頻繁に仕事を中断され、片手間に仕事をするしかない場合には、事業場外みなし労働時間制を採用できる可能性はあります。

1　労働時間の把握

　労働者は、使用者の指揮命令に従い、労務を提供する義務を負っており、職務に専念しなければなりません（職務専念義務）。他方、使用者は、労務提供がなければ労働者に対して賃金を支払う必要がありません（ノーワーク・ノーペイの原則）。また、使用者には労働者の労働時間を適正に把握する義務があり、始業・終業時刻だけでなく、在席管理を行い、労働時間を確認・記録しなければなりません。これは、テレワーク

中であっても同様です。

2　中抜けの発生

　特に在宅勤務は、育児や介護中の労働者の働き方として注目されていますが、在宅勤務を実施した労働者に対する調査[(1)]では、「仕事と仕事以外の時間の切り分けが難しい」（30.1％）、「家族がいるときには仕事に集中しづらい」（27.6％）、「仕事に集中できる空間がない」（13.6％）という結果となっており、家族が近くにいることによる課題もあります。

　業務から離れなければならない時間、いわゆる中抜け時間については、自由利用を保障して休憩時間と扱うなどの対応を取ることになります（時間単位の年休とすることも可能です。）。休憩時間が増えれば、賃金が減ることになりますので、労働者の希望を踏まえ、始業時間の繰り上げや終業時間の繰り下げも併せて検討します。中抜けが頻繁に生じるようであれば、労務管理が煩雑になりますし、労働者も申請などの手続きが面倒になりますので、フレックスタイム制の採用を検討することになります。

3　中抜けとまでいえない中断

　ある程度の時間、明確に中抜けするのであれば休憩やフレックスタイム制で対応できますが、中抜けとまではいえないごく短時間の中断や仕事に集中できない状況をどのように扱うべきかは悩ましい問題です。

（1）ごく短時間の中断

　賃金を支払うべき労働時間（実労働時間）かどうかという観点からすれば、ごく短時間であっても労務提供ができていない以上は、実労働時

---

(1)　厚労省委託事業「令和2年度テレワークの労務管理に関する総合的実態研究事業」

間に該当しないと考えることも不可能ではありません。しかし、判例や裁判例では、使用者の指揮命令下にある労働時間か否かについて、個別具体的な事情を踏まえ客観的に評価することを前提に、業務の準備時間[2]やビル管理人の深夜の仮眠時間[3]、住込みのマンション管理人の居室内における不活動時間[4]などについて、業務に付随する避けられない時間であるか否か、対応を義務づけられていたか否か、対応しないことで不利益を与えられるか否かなどの事情を考慮し、基本的には労働時間だと結論付けられていることからすれば、ごく短時間の中断は、在宅勤務に付随するやむを得ない現象として実労働時間と扱うべきでしょう。

（2）仕事に集中できない環境

　ごく短時間の中断が頻繁に起こるなど、仕事に集中できない環境なのであれば、基本的にはテレワークの中止を検討すべきでしょう。テレワークに適さないとしても、子どもを1人にすることができない等、出社も困難だという状況もあり得ます。この場合は、十分に労務を提供できないとして基本的には欠勤扱いとせざるを得ません。当然、通常どおりに給与を支払っても構いません。新型コロナウイルスの流行時のように緊急事態であれば通常どおりに給与を支払うという選択も必要ですが、平常時においては、他の労働者とのバランスを考えて判断することになります。

（3）事業場外みなし労働時間制を適用できるか

　テレワークでは集中して働けないうえ、出社もできないという状況において、片手間に仕事をするので、総時間は長くなるが、密度が薄いため、所定労働時間に相当する給与を貰えればよいから、テレワークで働かせてほしいという労働者もいると思います。こういう労働者の要望に

---

(2)　三菱重工業長崎造船所事件（最一小判平12.3.9民集54巻3号801頁）
(3)　大星ビル管理事件（最一小判平14.2.28民集56巻2号361頁）
(4)　大林ファシリティーズ事件（最二小判平19.10.19民集61巻7号2555頁）

使用者はどう応えるべきか、本当に悩ましい問題です。

　あくまで私見ではありますが、事業場外みなし労働時間制を適用できる可能性はあると思います。事業場外みなし労働時間制とは、「労働者が労働時間の全部又は一部について事業場外で業務に従事した場合において、労働時間を算定し難いときは、所定労働時間労働したものとみなす。」（労基法38条の2第1項）労働時間制度であり、ガイドライン[(5)]によれば、①情報通信機器が、使用者の指示により常時通信可能な状態におくこととされていないこと、②随時使用者の具体的な指示に基づいて業務を行っていないことをいずれも満たすことが必要とされています。

　①は、情報通信機器を通じた使用者の指示に即応する義務がない状態であることを意味し、応答するタイミングが労働者に委ねられているような状態を含まず、②は、当該業務の目的、目標、期限等の基本的事項を指示することや、これら基本的事項について所要の変更の指示をすることは含まれないとされています。

　確かに、労働時間を算定することは不可能ではありませんが、突発的に何度も中断が生じることや、中断が発生するたびに申告することも現実的ではありませんし、事後に報告するにも正確な把握が困難である以上、労働時間を算定し難いものと解釈する余地はあるでしょう。

---

(5)　「テレワークの適切な導入及び実施の推進のためのガイドライン」（厚労省令3.3.25公表。**173頁以下**）

在席管理 ④

Q 14　我が社では、リモート勤務の時間中はパソコンのカメラをオンにしてもらっています。自宅の中や私服などプライベートな部分が垣間見えることがあるのですが、問題はないのでしょうか。

答　webカメラを常時オンにすることは避けるべきでしょう。

1　在席確認の要請

　労働者は、使用者の指揮命令に従い、労働契約の内容となっている労働を提供する義務を負い、労働時間中は職務に専念しなければならず、使用者は、労働者の労働時間を適切に把握する義務を負っています。そして、テレワークは、労働者の就労状況を把握し難く、使用者が監視したくなる気持ちもわからなくはありません。もっとも、労働者がさぼる可能性は出社勤務においても同様だと思いますし、労働者のモチベーションを考えれば、労働者を猜疑的に見ることは避けるべきでしょう（詳しくは**Q11**参照）。

2　webカメラによる常時監視

　新型コロナウィルス流行に伴い、労使共に知識も経験もないままでテレワークを緊急的に導入した際には、webカメラによる常時監視を検討する企業も少なくありませんでした。当時は在席管理ツールが浸透しておらず、いきなり新しいツールを導入することに抵抗感がありましたし、突然新たな勤怠管理方法を導入することは、人的及び資金的なコストを考えれば、容易かつ確実なwebカメラによる常時監視という発想

も理解できました。

　しかし、出社勤務の労働者に対して、常に横に立って監視していることを想像してもらえば、webカメラで常時監視することが異常だと感じていただけるのではないでしょうか。決して気持ちよく働けるような状態ではありません。場合によっては、パワーハラスメント（いわゆる「6類型」（**105頁以下**参照）のうち個の侵害）に該当する可能性すらあると思います。

　以上のことから、webカメラによる常時監視は、なるべく避けるべきだといえます。

3　チャットに即応することによる在席管理

　無料のチャットツールが普及してきたことから、厳密さは別として、チャットに即応することを義務づける企業もあったようです。これも出社勤務の場合で想像すれば、無理があることは容易に理解できます。即応することを強制すれば、労働者の手を強制的に止めることになり、非効率でもあります。最近では、テレワークが浸透し、各種在席管理ツールも普及していることから、無理な在席管理をする企業は少なくなることが期待されます。もし、迷われた場合には、出社勤務であったらどうだろうかと想像することをおすすめします。

在席管理 ⑤

Q 15 GPS機能がついたスマートフォンを従業員に支給し、位置情報で在席管理を行ってもよいでしょうか。

答 労働者のプライバシー権も無制限ではなく、位置情報の収集による監視の目的・手段及びその態様等を総合考慮し、監視される側に生じた不利益とを比較衡量の上、社会通念上相当な範囲を逸脱したものでなければ許されます。例えば、勤務状況を把握するという目的や就業時間に限って収集することなどを明記したテレワーク規程を作成・周知したうえで実施することは可能でしょう。

1 労務管理とプライバシー保護

情報通信技術の進歩やスマートフォンの普及に伴い、外出が多い営業担当者の勤務状況を把握する目的など、労務管理においても GPS 機能を利用した位置情報の活用が進んでいます。もっとも、使用者に労務管理の必要性があるとしても、労働者のプライバシー権を不当に侵害することは許されず、無制限に労働者に関する情報を取得することはできません。

特に、テレワークでは、会社から貸与された情報通信機器だけでなく、労働者個人の情報通信機器を利用することもあるため、より慎重になるべきでしょう。

2 GPS機能による位置情報を把握することの限界

労働者のプライバシー権も無制限ではなく、労働者の情報を収集する

合理的な必要性があり、手段も相当であれば、労働者の情報を取得することは許されます。もっとも、どういった場合に許容されるかは一概に判断できず、監視の目的・手段及びその態様等を総合考慮し、監視される側に生じた不利益とを比較衡量の上、社会通念上相当な範囲を逸脱して監視がなされたか否かを個別具体的に見なければなりません（F社Z事業部事件、東京地判平13.12.3労判826号76頁など）。

　例えば、事業場にいない労働者について、使用者が労働者の勤務状況を把握するという目的は合理的であり、その必要性も認められるでしょう。当該目的のために、事前に指定の情報通信機器に関して位置情報を把握することを明示したうえで、特定人ではなく、目的と関連する労働者を一律に対象とし、就業時間に限って機械的に位置情報を取得するなどプライバシーに配慮して実施する場合には許されると考えられます。

　テレワークでは、労働者の勤務状況を現認することが難しく、GPS機能の位置情報を用いて、職務に専念できているかなど勤務状況を把握するという目的や必要性は認められるでしょう。また、上記のようにプライバシーへ配慮して実施することも可能です。もっとも、労働者個人のパソコンやスマートフォンを利用する場合には、業務利用を前提とする貸与機器とは異なり、私的利用を前提とする機器であることから、労働者の明確な同意を得ることが望ましいでしょう。

3　個人情報保護法との関係

　個人情報保護法における「個人情報」とは、生存する個人に関する情報であって、当該情報に含まれる氏名、生年月日その他の記述等により特定の個人を識別することができるもの（他の情報と容易に照合することができ、それにより特定の個人を識別することができることとなるものを含む。）、または個人識別符号を含むものをいいます（個人情報保護法2条1項）。労働者の位置情報だけでは、個人を識別することはできないとしても、他の情報と容易に照合することで特定個人を識別するこ

とが可能であることから、位置情報も個人情報に該当します。このため、使用者は、GPS機能を利用した位置情報の取得にあたっては、あらかじめその利用目的を公表している場合を除き、速やかに、その利用目的を本人に通知し、又は公表しなければならず（個人情報保護法18条1項）、テレワーク規程などで利用目的（就業場所の把握、営業秘密の漏洩防止など）を通知・公表することが必要となります。

　なお、位置情報を収集するにあたっては、利用目的の通知・公表に加えて、実施責任者やその権限、実施方法など実施に関して定めた規定を策定しこれを周知することや、実施状況を監査又は確認するなどの措置も講ずるべきでしょう。

モニタリング

Q 16 従業員がさぼっていないか確認するため、パソコンをモニタリングすることは許されるのでしょうか。

答 労働者のプライバシーを不当に侵害することは許されず、無制限にパソコンやスマートフォンの使用状況をモニタリングすることはできません。労務管理上、勤務状況を把握することを目的として、勤務状況の把握困難なテレワーク実施者に対して、就業時間内に限ってパソコンのログ履歴やEメールなどを収集することとし、収集した情報を本人の同意なく第三者に開示しないことや本人の要求があれば本人に開示することなどを明記したテレワーク規程を作成・周知したうえでモニタリングすることが必要でしょう。また、個人情報保護法の観点から、収集した情報の取扱いには注意が必要です。

1　パソコンをモニタリングすることの可否

Q15に記載したとおり、労働者のプライバシーを不当に侵害することは許されず、労働者の情報を収集する合理的な必要性があり、手段も相当な場合に限り、パソコンのログ履歴などを取得することは許されるでしょう。そして、どういった場合に許容されるかは一概に判断できず、監視の目的・手段及びその態様等を総合考慮し、監視される側に生じた不利益とを比較衡量の上、社会通念上相当な範囲を逸脱して監視がなされたか否かを個別具体的に見なければなりません（F社Z事業部事件、東京地判平13.12.3労判826号76頁など）。

GPSによる位置情報は、どこで仕事をしているかという限定された情報ですから、プライバシーの侵害の程度は小さいと考えることができます。

　他方、パソコンやスマートフォンをモニタリングするとなると、どういった行動をしているのかを逐一把握されることになり、より慎重になるべきです。出社勤務の際に、常に監視されることを想像すれば、強度な侵害だということが想像できるでしょう。

　事前にテレワーク規程などで、モニタリングする目的、モニタリング対象者、モニタリング機器、モニタリング時間、モニタリング情報、収集した情報の管理方法などを明確に定めることは最低限必要です。その際には、目的を達成するために最低限必要な範囲に限定するということを意識してください。例えば、勤務状況を把握することを目的とし、テレワーク対象者に対し、就業時間内に限ってログ履歴やEメールなど特定の情報を収集することとし、収集した情報を本人の同意なく第三者に開示しないことや本人の要求があれば本人に開示することをテレワーク規程などに明記しておくべきです。

2　モニタリング情報の取扱い

　パソコンやスマートフォンのログ履歴などの使用状況に関する情報も個人情報に該当します（**Q15**参照）。そして、個人情報保護法21条において「個人情報取扱事業者は、その従業者に個人データを取り扱わせるに当たっては、当該個人データの安全管理が図られるよう、当該従業者に対する必要かつ適切な監督を行わなければならない。」とされており、使用者は、個人情報を取り扱う従業員を監督する義務を負います。

　具体的には、個人情報保護法に関するガイドライン[1]において、個人データが漏洩等をした場合に本人が被る権利利益の侵害の大きさを考慮し、事業の性質及び個人データの取扱状況等に起因するリスクに応じ、個人データ管理責任者及び個人データを取り扱う従業者に対する教育及

---

[1]　「雇用管理分野における個人情報保護に関するガイドライン」（平16厚労省告示259号、最終改正：平27厚労省告示454号、平29.5.30廃止、第6第3項参照。）、「個人情報の保護に関する法律についてのガイドライン」（個人情報保護委員会平28.11）

び研修等につき、必要かつ適切な措置として、次に掲げるものを講ずる
よう努めることとされています。

①その責務の重要性を認識させるために必要な教育及び研修の実施

②具体的な個人データの保護措置に習熟させるために必要な教育及び
　研修の実施

　また、同ガイドラインに関するQ&A⁽²⁾において、「個人データの取扱
いに関する従業者の監督、その他安全管理措置の一環として従業者を対
象とするビデオ及びオンラインによるモニタリングを実施する場合は、
次のような点に留意することが考えられます。なお、モニタリングに関
して、個人情報の取扱いに係る重要事項等を定めるときは、あらかじめ
労働組合等に通知し必要に応じて協議を行うことが望ましく、また、そ
の重要事項等を定めたときは、従業者に周知することが望ましいと考え
られます。」とされており、モニタリング自体は可能だとしても、使用
者には様々な措置を講じるべく、規定整備が求められます。

①モニタリングの目的をあらかじめ特定した上で、社内規程等に定
　め、従業者に明示すること

②モニタリングの実施に関する責任者及びその権限を定めること

③あらかじめモニタリングの実施に関するルールを策定し、その内容
　を運用者に徹底すること

④モニタリングがあらかじめ定めたルールに従って適正に行われてい
　るか、確認を行うこと

---

(2)　「個人情報の保護に関する法律についてのガイドライン」及び「個人データの漏えい等の事案
　が発生した場合等の対応について」に関するQ＆A（個人情報保護委員会平成29年2月16日
　（令和2年9月1日更新））、Q4-6参照。

裁量労働制

17 テレワークについても裁量労働制は採用可能でしょうか。

答　可能です。これまでも裁量労働制を採用可能な業務が存在していたとしても、手続きの煩雑さなどからあまり利用されていませんでした。もっとも、テレワークの実施企業では、裁量労働制を導入する企業が比較的多く、テレワークになじむ労働時間制であるといえます。裁量労働制の対象業務が存在する企業においては、積極的に導入を検討してもよいでしょう。

1　裁量労働制

　裁量労働制には、専門業務型裁量労働制と企画業務型裁量労働制があり、ある対象業務に従事する労働者について、労使であらかじめ定めた時間働いたとみなす制度です。

（1）専門業務型裁量労働制

　業務の性質上その遂行の方法を大幅に当該業務に従事する労働者の裁量に委ねる必要があるため、当該業務の遂行の手段及び時間配分の決定等に関し使用者が具体的な指示をすることが困難な業務として厚生労働省令で定める業務が、専門業務型裁量労働制の対象になります（労基法38条の3第1項1号）。そして、対象業務を特定し、業務の遂行や方法、時間配分等に関して具体的に指示をしないこと、業務に従事する労働者の労働時間について一定時間労働したとみなすこと、健康・福祉確保のための措置と苦情処理方法を労使協定に定め、労基署へ届け出ることが必要になります。

【厚生労働省令で定める対象業務】

①新商品または新技術の研究開発等の業務、人文・自然科学の研究業務

②情報処理システムの分析または設計の業務

③新聞・出版の記事の取材・編集、放送番組制作のための取材・編集の業務

④衣服、室内装飾、工業製品、広告等の新たなデザインの考案の業務

⑤放送番組、映画等の制作のプロデューサー・ディレクターの業務

⑥その他「厚生労働大臣の指定する業務」

・コピーライターの業務、システムコンサルタントの業務、インテリアコーディネーターの業務、ゲームソフトウェアの創作の業務、証券アナリストの業務、金融工学等の知識を用いて行う金融商品の開発の業務、学校教育法に規定する大学における教授研究の業務、公認会計士・弁護士・建築士・不動産鑑定士・弁理士・税理士・中小企業診断士の業務

（2）企画業務型裁量労働制

　事業の運営に関する事項についての企画、立案、調査及び分析の業務であって、当該業務の性質上これを適切に遂行するにはその遂行の方法を大幅に労働者の裁量に委ねる必要があるため、当該業務の遂行の手段及び時間配分の決定等に関し使用者が具体的な指示をしないこととする業務について、当該対象業務を適切に遂行するための知識、経験等を有する労働者を就かせたときに採用できる制度です（労基法38条の4第1項1号、同2号）。そして、当該事業場の労働者の過半数を組織する労働組合またはそのような労働組合がない場合には労働者の過半数を代表する者によって半数以上の委員が指名された労使委員会において、対象業務・対象労働者の具体的範囲、みなし労働時間数、健康・福祉を確保

するための措置と苦情処理方法、労働者本人の同意を得ること（不利益取扱いの禁止含む）、決議の有効期間、記録の保管について、5分の4以上の多数により議決のうえ、労基署へ届け出ることが必要になります。

2　テレワークにおける裁量労働制の実施状況

　厚労省の実態調査[1]において、テレワーク実施企業の11.8%が専門業務型裁量労働制を採用し、4.5%が企画業務型裁量労働制を採用しています。他方、テレワーク非実施企業では、3.2%が専門業務型裁量労働制を採用し、1.6%が企画業務型裁量労働制を採用するにとどまっています。裁量労働制はテレワークと親和性がある労働時間制だといえるものの、そもそも対象業務が存在しない企業においては裁量労働制を採用できないので、裁量労働制の対象業務がある企業が積極的にテレワークを導入しているのだと思われます。

　なお、労働者の健康確保の観点から、使用者は、適正に労働時間管理を行わなければならず、必要に応じ、労使協定で定める時間が当該業務の遂行に必要とされる時間となっているか、業務量や期限の設定が不適切となっていないか確認し、労働者の裁量が失われないよう業務量等を見直すことも必要です。

---

(1)　厚労省委託事業「令和2年度テレワークの労務管理に関する総合的実態研究事業」

変形労働時間制

> **Q**
> **18**
> 弊社では1か月単位の変形労働時間制を採用しています。そのような場合にもテレワークは可能ですか。

> **答**
> 　日本には労働時間制度がいくつかありますが、テレワーク実施者であることを理由に採用できない労働時間制はありません。変形労働時間制は、一定期間における所定労働時間を平均して週の法定労働時間を超えない場合、当該期間内の所定労働時間が1日または1週の法定労働時間を超えても、所定労働時間の限度で法定時間内労働と扱う制度です。就業規則などで定められた所定労働時間を前提とするもので、通常の労働時間と同様の方法で始業・終業時刻を把握することが可能ですし、テレワーク時の所定労働時間を短くし、出社勤務時に長く働くこともできるため、テレワークに馴染む労働時間法制といえます。

1　通常の労働時間制

　通常の労働時間制とは、多くの企業が採用しているもので、労基法32条1項、同2項にある1日8時間、1週40時間の法定労働時間[1]を前提に、始業・終業時間を9時から18時、休日を週2日などと固定する労働時間制です。通常の労働時間制のままテレワークを実施することは可能ですが、基本的に始業・終業時刻を固定する働き方なので、育児・介護中など労働時間を一律に固定したくない労働者には適さない働き方になります。

---

(1)　法定労働時間の特例：常時10人未満の労働者を使用する商業、映画・演劇業（映画製作を除く）、保健衛生業、接客業については、週の法定労働時間は44時間とされています（労基法40条、同法別表1第8号、同10号、同13号、同14号、労基則25条の2第1項）。

2 変形労働時間制

変形労働時間制は、一定期間における所定労働時間を平均して週の法定労働時間を超えない場合、当該期間内の所定労働時間が1日または1週の法定労働時間を超えても、所定労働時間の限度で法定時間内労働と扱う制度です。なお、フレックスタイム制も一定期間における法定労働時間の総枠の中で、枠を変形させる点で変形労働時間制の一類型とされますが、フレックスタイム制については、別のところで記載します。

労基法は、法定労働時間の範囲内で、年間を通じて統一的に労働時間を定型化できることを想定し、通常の労働時間制を原則としつつ、交替勤務制で長時間連続して稼働させる業務や繁閑期の差が大きく不規則な労働時間とならざるを得ない業務もあることから、例外的に変形労働時間制を認めています。

変形労働時間制には、1か月以内の期間の変形労働時間制（労基法32条の2第1項）、1年以内の期間の変形労働時間制（労基法32条の4）、1週間単位の非定型的変形労働時間制（労基法32条の5）があります。1か月以内の期間の変形労働時間制を採用するには労使協定又は就業規則その他これに準ずるものに規定しなければなりません（週の法定労働時間を44時間とする特例との併用が可能です。）。1年以内の期間の変形労働時間制や1週間単位の変形労働時間制では、労使協定を締結し労基署へ届け出ることが必要です（週の法定労働時間を44時間とする特例との併用は認められません。）。

労使協定は、法定労働時間を超えて働くことを適法とする効果があるに過ぎず、就業規則や労働協約によって労働契約の内容としておかなければ変形労働時間制が適用されず、通常の労働時間制として扱われ、未払賃金が発生しかねませんので注意してください。

なお、通常の労働時間制とは異なるものの、1か月以内の期間の変形労働時間制では、日ごとの所定労働時間を超えかつ1日8時間を超える部分や週の所定労働時間が40時間（特例適用の場合44時間）を超える

場合の所定労働時間超過部分、週の所定労働時間が40時間を超えない場合の週40時間を超える部分について割増賃金の支払いが必要となります。

3　変形労働時間制のテレワークへの適用

　前記のように、変形労働時間制は、いわば日々の法定労働時間の枠を他の労働日へ振り替えるような制度であり、部分的テレワークにあたり、テレワーク時の所定労働時間を短くし、出社勤務時の労働時間を長くすることで出社時にまとめて仕事を片付けるという働き方が可能になります。また、全労働日をテレワークとする場合でも、育児や介護の状況に応じ、働きやすい日に長く働けるよう調整することも可能です。

　変形労働時間制の採用は、なんとなく複雑で面倒な気がしますが、労働時間を適正に把握することさえできれば、柔軟な働き方が求められるテレワークに馴染みやすい労働時間制だといえます。

事業場外みなし労働時間制

Q19 テレワークに事業場外みなし労働時間制を採用しようと思うのですが、注意すべき点はあるでしょうか？

答 テレワークに事業場外みなし労働時間制を採用すること自体は可能ですが、「労働時間を算定し難いとき」に該当するか否かは、ガイドラインを参考に慎重に判断することが必要です。また、事業場外みなし労働時間制であっても、休憩や休日を与えなければなりませんし、法定労働時間外・休日・深夜割増賃金の支払いは必要です。また、健康確保の観点から労働時間把握義務もあります。

1 事業場外みなし労働時間制

労基法は、原則として、1日8時間、1週40時間の法定労働時間を超えて労働させることを禁止し（労基法32条1項、同2項）、例外として、変形労働時間制（1か月以内・1年以内・1週間単位の各変形労働時間制／フレックスタイム制）とみなし労働時間制（事業場外みなし労働時間制／専門業務型・企画業務型の各裁量労働制）を用意しています。

例外の1つである事業場外みなし労働時間制とは、労働者が労働時間の全部又は一部について事業場外で業務に従事した場合において、労働時間を算定し難いときは、所定労働時間労働したものとみなす制度です。ただし、当該業務を遂行するためには通常所定労働時間を超えて労働することが必要となる場合において、当該業務に関しては、厚生労働省令で定めるところにより、当該業務の遂行に通常必要とされる時間労働したものとみなされます（労基法38条の2第1項）。

なお、当該業務を遂行するために通常所定労働時間を超えて労働する

ことが必要となる場合に、当該業務の遂行に必要な時間を労使協定で定めることができます（労基署への届出が必要です。）。労働時間に関する事項として、就業規則の絶対的必要記載事項に該当することから、事業場外みなし労働時間制について就業規則に明記することが必要です。

2　「労働時間を算定し難いとき」

テレワークは、事業場外の業務に従事する場合であるものの、「労働時間を算定し難いとき」に該当するかは慎重に判断しなければなりません。

厚労省のガイドライン[(1)]によれば、「労働時間を算定し難いとき」に該当するための要件について、次のように記載されており、これに従って判断することになります。

【同ガイドライン6⑵ウより引用】

> 6　様々な労働時間制度の活用
>
> ⑴　〈略〉
>
> ⑵　労働時間の柔軟な取扱い
>
> 　ア　〈略〉
>
> 　イ　〈略〉
>
> 　ウ　事業場外みなし労働時間制
>
> 　　事業場外みなし労働時間制は、労働者が事業場外で業務に従事した場合において、労働時間を算定することが困難なときに適用される制度であり、使用者の具体的な指揮監督が及ばない事業場外で業務に従事することとなる場合に活用できる制度である。テレワークにおいて一定程度自由な働き方をする労働者にとって、柔軟にテレワークを行うことが可能となる。

---

(1)　「テレワークの適切な導入及び実施の推進のためのガイドライン」（厚労省令3.3.25公表。173頁以下）

　テレワークにおいて、次の①②をいずれも満たす場合には、制度を適用することができる。

① 情報通信機器が、使用者の指示により常時通信可能な状態におくこととされていないこと

　この解釈については、以下の場合については、いずれも①を満たすと認められ、情報通信機器を労働者が所持していることのみをもって、制度が適用されないことはない。

・ 勤務時間中に、労働者が自分の意思で通信回線自体を切断することができる場合

・ 勤務時間中は通信回線自体の切断はできず、使用者の指示は情報通信機器を用いて行われるが、労働者が情報通信機器から自分の意思で離れることができ、応答のタイミングを労働者が判断することができる場合

・ 会社支給の携帯電話等を所持していても、その応答を行うか否か、又は折り返しのタイミングについて労働者において判断できる場合

② 随時使用者の具体的な指示に基づいて業務を行っていないこと

　以下の場合については②を満たすと認められる。

・ 使用者の指示が、業務の目的、目標、期限等の基本的事項にとどまり、一日のスケジュール（作業内容とそれを行う時間等）をあらかじめ決めるなど作業量や作業の時期、方法等を具体的に特定するものではない場合

3 労働したとみなされる時間

　原則として、所定労働時間働いたものとみなされます。ある日の業務の一部を事業場内で行い、残りをテレワークするといった場合にも事業場外みなし労働時間制を適用することが可能ですが、この場合、事業場

内の労働時間とテレワークの業務に通常必要となる時間との合計が、労働時間となります。

4　休憩、休日、深夜労働

　事業場外みなし労働時間制においても、1日のみなし労働時間が6時間を超える場合は45分以上、みなし労働時間が8時間を超える場合は60分以上の休憩を付与するとともに、週1回以上の休日を付与しなければなりません。また、みなされるのは労働時間であって、みなし労働時間が法定労働時間を超える場合には法定時間外割増賃金を支給しなければなりませんし、休日割増賃金、深夜割増賃金の支給も必要です。

5　労働時間把握義務

　使用者は、労働者の生命身体等の安全に配慮すべき義務を負っており（労契法5条）、事業場外みなし労働時間制であっても、安衛法に基づき労働者の健康確保のため労働時間を把握しなければなりません（同法66条の8の3）。

所定労働時間の変更

Q20 弊社では、育児や介護をしながらテレワーク勤務をしている社員が数多くいます。育児や介護との両立をより図りやすくするため、勤務時間を柔軟に変更できるようにしたいと考えています。個々の労働者の都合に応じて勤務時間を変更することはできますか。

答 労働者の都合に応じて、日々の決まった勤務時間について変更を認めることは問題ありません。ただ、電話、Eメール、チャットツール、勤怠管理ツールなどを利用して労働時間を適正に確認記録することは必要です。頻繁に勤務時間の変更が生じる場合には、フレックスタイム制を導入することを検討します。

1 始業・終業時刻の明示義務等

　始業・終業時刻は、労働者にとって最も重要な労働条件の1つであり、使用者は、採用募集時、採用時において、労働者に対して始業・終業時刻を明示しなければなりません（職安法5条の3第4項、職安規則4条の2第3項4号、労基法15条、労基則5条）。また、就業規則の絶対的必要記載事項でもあります（労基法89条1号）。

2 始業・終業時刻の変更

（1）テレワーク規程（就業規則）への明記

　就業規則で始業・終業時刻が特定されている場合、日々の始業・終業時刻を変更することがあることについて就業規則に始業・終業時刻を変更できる旨記載してください。通常、労働者の希望や同意があれば問題

73

は生じませんが、厳密に考えると、労働者との合意があったとしても、就業規則に反することはできないのであって（就業規則の最低基準効、労契法12条）、就業規則に始業・終業時刻の変更に関する規定を設けておくべきでしょう。一般的な就業規則では、「始業・終業の時刻及び休憩時間は、次のとおりとする。ただし、業務の都合その他やむを得ない事情により、これらを繰り上げ、又は繰り下げることがある。この場合、前日までに労働者に通知する。」などと規定されていると思いますが、労働者の申請による変更について記載されていない場合には、テレワーク規程には労働者の申請による変更について明記するとよいでしょう。

（2）始業・終業時刻の変更の確認・記録

　労働者の希望に応じて日々の始業・終業時刻の変更を認めることが可能であるとしても、使用者は労働者の労働時間を適正に把握しなければなりませんので始業・終業時刻が変更されたことを確認・記録できるようにします。例えば、電話、Eメール、チャットツール、勤怠管理ツールなどを用いることが考えられます。

（3）始業・終業時刻の変更の取扱い

　始業・終業時刻の変更を認めると、労働時間が所定労働時間よりも短くなる場合もあれば、所定労働時間よりも長くなり時間外労働が発生する場合がありますので、所定労働時間との関係に注意してください。所定労働時間が9時〜18時（休憩時間12時〜13時）とする企業において、始業時刻を30分繰り下げ9時30分とし、終業時刻も30分繰り下げ18時30分とした場合、労働時間が8時間で変わらず時間外割増賃金を支払う必要はありませんが、始業時刻を30分繰り上げ8時30分としたにもかかわらず、終業時刻が18時のままであった場合には30分の時間外労働が生じることになります。なお、変更申請の時期については、前日までの事前申請を原則とすべきですが、柔軟な働き方を積極的に認めていくのであれば、事後申請を許容してもよいでしょう。

3 フレックスタイム制

　始業・終業時刻の変更が頻繁に発生するようであれば、労働者が毎回承認を受けることなく自由に始業・終業時刻を変更できるようフレックスタイム制の適用を検討してください。

　フレックスタイム制は、3か月以内の清算期間やその期間における総労働時間等を労使協定で定めることで、清算期間を平均して1週あたりの労働時間が法定労働時間を超えない範囲で労働者が始業・終業時刻を自由に決定できる制度です。就業規則その他これに準ずるものにより、始業及び終業の時刻をその労働者の決定に委ねる旨定め、労使協定で対象労働者の範囲、清算期間における総労働時間、標準となる1日の労働時間を定めることで導入ができます。

　フレックスタイム制では、育児介護などで始業・終業時刻を変更するにあたって、その都度承認を得る必要がなくなり、安心して働くことができますし、テレワーク日の労働時間を短くし、出社勤務日に長く働くことも可能です。

　なお、フレックスタイム制は、始業・終業時刻の決定を労働者に任せる制度に過ぎませんので、労働時間を適正に把握する義務があることに変わりはありません。

フレックスタイム制

> **Q** **21**
>
> 介護・育児中の方が働きやすいようにテレワークを導入しているのですが、フレックスタイム制も採用したいと思っています。フレックスタイム制を活用した良い例があれば教えてください。

答　フレックスタイム制は、3か月以内の一定期間（清算期間）においてあらかじめ定めた総労働時間の範囲内で、労働者が始業・終業時間を自ら決めることができる制度です。多くの企業でコアタイム（必ず勤務しないといけない時間や日）やフレキシブルタイム（労働者が自由に始業・終業時刻を決めることができる時間帯）が設定され、一定の制限が設けられています。こうした制限を取り除くことでより柔軟な働き方を実現でき、コアタイムのないフレックスタイム制が増えてきています。コアタイムのないフレックスタイム制は「スーパーフレックス」と呼ばれたりします。

1　フレックスタイム制とは

　フレックスタイム制は、3か月以内の一定期間（清算期間）についてあらかじめ定めた総労働時間の範囲で、労働者が始業・終業時刻を自由に決定できる制度です。変形労働時間制も労働日ごとの始業・終業時間を変える制度ですが、使用者が始業・終業時間を設定する点で、労働者が主体的に始業・終業時刻を設定するフレックスタイム制とは大きく異なります。フレックスタイム制を上手に活用するためには、まず、フレックスタイム制について理解を深めることが大切です。

【典型的なフレックスタイム制】

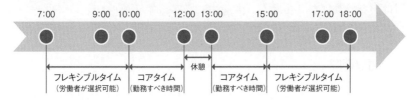

2 フレックスタイム制を導入するための要件

フレックスタイム制を導入するにあたっては、次のことが必要です。

（1）就業規則等の規定

就業規則その他これに準ずるものにより、その労働者に係る始業及び終業の時刻をその労働者の決定に委ねる旨を規定する必要があります（労基法32条の3第1項、同89条1号）。一般的には、就業規則に「フレックスタイム制が適用される従業員の始業および終業の時刻については、従業員の自主的決定に委ねるものとする。」といった規定を定めます。

なお、就業規則の作成義務のない常時10人に満たない労働者を使用する使用者は、就業規則に準ずる規定を定め、これを労働者に周知しなければなりません。

（2）労使協定の締結

労使協定で、①対象となる労働者の範囲、②清算期間、③清算期間における総労働時間（清算期間における所定労働時間の総枠）、④標準となる1日の労働時間、⑤コアタイム（設定する場合）、⑥フレキシブルタイム（設定する場合）を定めなければなりません（労基法32条の3第1項、労基則12条の3第1項）。

なお、清算期間が1か月を超える場合には、⑦労使協定の有効期間の

定めも必要になり（労基則12条の3第1項4号）、労使協定を労基署へ届け出なければなりません（労基法32条の3第4項）。

3　清算期間

　清算期間とは、その期間を平均して1週間当たりの労働時間が週の法定労働時間である40時間を超えない範囲内において労働させる期間をいいます。簡単にいうとフレックスタイム制によって労働者が自由に始業・終業時刻を決めることができる期間です。使用者は3か月以内の期間で清算期間を定めなければなりません（労基法32条の3第1項2号）。

4　清算期間における総労働時間

　使用者は、一定の清算期間における週の法定労働時間40時間の範囲内で、総労働時間を任意に定めなければなりません[1]（労基法32条の3第1項3号）。清算期間が1か月を超える場合には、1か月ごとの労働時間が、週平均で50時間を超えないようにしなければなりません（労基法32条の3第2項）。清算期間が1か月を超える場合には、清算期間の総枠の制限と単月の総枠の制限があるということです。

　次の計算式で、清算期間の総労働時間の上限を算出します。

$$総労働時間 ＝ 40時間 × （暦日数 ÷ 7日間）$$

---

[1]　特例措置対象事業所においては、清算期間が1か月を超えない場合にのみ、週の法定労働時間を44時間とすることが可能です。

例えば、清算期間における総労働時間の上限は次のようになります。

【1か月の場合】

暦日数	総労働時間
31日	177.1時間
30日	171.4時間
29日	165.7時間
28日	160.0時間

【4月1日から6月30日の3か月】

暦日数	総労働時間
91日	520時間

※単月の実労働時間が週平均50時間とした総枠を超えてはいけません。

50時間×（単月の暦日数÷7日間）

5 標準となる1日の労働時間

労使協定で定めるべき標準となる1日の労働時間とは、清算期間の総労働時間を期間中の所定労働日数で割った時間です。フレックスタイム制の労働者が、年次有給休暇を取得した場合に、この時間を労働したと扱って賃金を支払うことになります。

6 フレックスタイム制における時間外労働の考え方

（1）清算期間が1か月以内の場合

フレックスタイム制においても、36 協定を締結・届出することで法定時間外労働が可能となります。

清算期間における実労働時間が就業規則等で定めた総労働時間を超えた場合、時間外労働に相当する賃金を、清算期間の最終月に支払うことで清算します。このうち、清算期間における総労働時間の上限（週の法定労働時間による総枠）を超える部分に対しては、時間外割増賃金を支払うことになります。

清算期間における実労働時間が就業規則等で定めた総労働時間に満たない場合には、不足する時間に相当する賃金を控除することも可能ですし、法定労働時間の総枠の範囲内におさまるのであれば、不足時間を次

の清算期間に合算する（持ち越す）ことも可能だとされています[2]。なお、前者についても、就業規則等で定めた総労働時間を超えるとしても、法定労働時間の総枠に収まっている限りは、超過部分を次の清算期間へ繰り越すことを認めるという見解もあります[3]。

（2）清算期間が1か月を超える場合

　清算期間における実労働時間が、1か月を超える清算期間における総労働時間を超えた場合、超過した実労働時間の部分が時間外労働になり、清算期間の最終月に支払うことになります。これは、1か月以内の場合と同じです。清算期間が1か月を超える場合には、これに加えて、単月で実労働時間が週平均50時間を超える部分も時間外労働になります（労基法32条の3第2項）。なお、単月の時間外労働としてカウントした時間は、清算期間における時間外労働から控除します。

　単月の総枠（週平均50時間）は次の計算式で算定します。

$$単月の総枠 = 50時間 \times （単月の暦日数 \div 7日間）$$

　例えば、4月1日を起算日として6月30日までの3か月を清算期間とし、清算期間の総労働時間を520時間とするフレックスタイム制で、4月に220時間、5月に180時間、6月に140時間（総実労働時間540時間）働いたとします。単月の上限は、4月が214.2時間、5月が221.4時間、6月が214.2時間です。

　この場合、まず、単月の時間外労働を算定します。4月に5.8時間の時間外労働が発生していますので、4月の賃金として時間外労働に相当する賃金を支払います。次に、清算期間全体の時間外労働を算定します。総枠が520時間のところ、実労働時間が540時間なので、20時間超

---

(2)　「改正労働基準法の施行について」（昭63.1.1基発1号）。

(3)　菅野和夫著『労働法　第12版』（有斐閣）541頁

過しています。ただ、単月の時間外労働が重複計上されるので、これを控除した14.2時間が時間外労働になり、6月の賃金として時間外労働に相当する賃金を支払うことになります。

　ややこしいので、表にしておきます。

		4月	5月	6月
①	単月の実労働時間	220	180	140
②	単月における週平均50時間の総枠	214.2	221.4	214.2
③	単月の時間外労働時間（①−②）	5.8	なし	なし
④	清算期間における法定労働時間の総枠	520		
⑤	清算期間全体の実労働時間数	540		
⑥	清算期間全体における時間外労働（⑤−④−③）	14.2		

　なお、フレックスタイム制であっても、法定休日や深夜の割増賃金の規定（労基法37条1項、同4項）は適用されますので、法定休日や深夜の割増賃金は支払わなければなりません。

7　コアタイムとフレキシブルタイム

（1）コアタイム

　必ず勤務しなければいけない時間をコアタイムと呼びます。使用者は、コアタイムの時間を自由に設定できます。設定しないことも可能です。コアタイムを設定しない場合には、必ず勤務しないといけない時間がない結果、勤務日も労働者が自由に決めることができるため、より柔軟な働き方になります（これをスーパーフレックスタイムと呼ぶことがあります。）。会議などでどうしても出勤してもらいたい日もありますし、出勤日まで労働者の自由とするのは不安が残ることから、多くの企業がコアタイムを設けているようです。コアタイムは、清算期間の一部

にだけ設定することも可能です。コアタイムを設けるのであれば、労使協定に定めることが必要になります（労基法32条の3第1項、労基則12条の3第1項）。なお、コアタイムは、始業・終業時刻に関する事項であるため、就業規則の絶対的必要記載事項です（労基法89条1号）。

（2）フレキシブルタイム

　フレキシブルタイムとは、労働者が始業・終業時刻を自由に決定できる時間帯のことをいいます。コアタイムと同じく、フレキシブルタイムを設けないことも可能で、設ける場合には労使協定に定めることが必要です（労基法32条の3第1項、労基則12条の3第1項）。なお、フレキシブルタイムは、始業・終業時刻に関する事項なので就業規則の絶対的必要記載事項です（労基法89条1号）。

　フレキシブルタイムを設定しておくことで、深夜労働などを防止できることから、多くの企業がフレキシブルタイムを設けています。

8　テレワークにおけるフレックスタイム制の活用

　以前は、1か月以内の清算期間しか認められておらず、1か月の範囲内で、労働者が主体的に始業・終業時刻を決めることができるものでした。1か月の清算期間の場合、月を跨いだ労働時間の調整ができないため、複数月のフレックスタイム制を求める声が少なからずありました。例えば、繁忙月に長く働き、閑散月の労働時間を短くしたい労働者、子どもの夏休み期間や資格試験の前は働く時間を短くしたいという労働者のニーズです。平成30年（2018年）の法改正で、清算期間の上限が3か月以内にまで広げられ、フレックスタイム制は、より柔軟な労働時間制となったといえます。これまではタイムカードで労働時間を管理する出社勤務を前提に、一日の始業・終業時刻を多少変更できる制度として活用されており、コアタイムやフレキシブルタイムといった一定の制限を設けたフレックスタイム制が一般的でしたが、テレワークの増加に伴

い、コアタイムを設けないスーパーフレックスタイム制を導入する企業
も増えてきているようです。確かに、フレックスタイム制の仕組みはや
やこしく、労働時間管理が難しいと感じられても仕方ないと思います。
しかし、これまでの出社勤務を前提としたタイムカードによる労働時間
管理ではなく、テレワークにも対応できる労働時間管理の方法が浸透す
れば、スーパーフレックスもそれほど難しくないと思います。始業・終
業時刻、休憩時間、中抜けなどの管理ができれば、フレックスタイム制
における労働時間の把握は十分可能でしょう。

テレワーク中の移動時間

Q 22 午前中を在宅勤務、午後から出社勤務する従業員がいるのですが、出社の移動時間について賃金を支払うべきでしょうか。

答 　始業後の移動時間について賃金を支払うべきか否かは、使用者の指揮命令下にあるか否かで判断されます。使用者が出社を命じた場合や、出社が不可避であった場合などであれば、使用者の指揮命令下にあるとして賃金を支払わなければなりません。他方、労働者の都合で出社し、移動時間の自由利用が認められている場合や、出社を命じたとしても、移動に要する時間に比べて遥かに余裕を持った時間が与えられ、その時間について自由利用を認めている場合には、使用者の指揮命令下になく、賃金を支払う必要はありません。なお、移動時間中に業務を命じた場合や即座に対応することが義務付けられているなど、自由利用が保障されていない場合には、指揮命令下にあると評価されます。

1　賃金を支払うべき時間

　労働契約は、労働者が労務を提供し、これに対して使用者が賃金（報酬）を支払う契約です（労契法6条、民法623条）。そして民法624条1項で「労働者は、その約した労働を終わった後でなければ、報酬を請求することができない。」とされており、原則として、労働者から労務の提供を受けなければ、使用者は賃金を支払う必要がありません（ノーワーク・ノーペイの原則）。使用者の指揮命令下において労務を提供した時間を実労働時間といい、使用者は、労働者に対して、この時間に応じた賃金を支払うことになります。判例では、「労働基準法上の労働時

間とは、労働者が使用者の指揮命令下に置かれている時間をいい、右の労働時間に該当するか否かは、労働者の行為が使用者の指揮命令下に置かれたものと評価することができるか否かにより客観的に定まるものであって、労働契約、就業規則、労働協約等の定めの如何により決定されるものではない。」（三菱重工業長崎造船所事件、最一小判平12.3.9民集54巻3号801頁）とされており、労働者の行為が使用者の指揮命令下のものか否かで、使用者が労働者に対して賃金を支払うべき実労働時間か否かが判断されることになります。

2　通勤時間の取扱い

　一般的には、始業時刻前に自宅などから労務を提供する就業場所まで移動する時間を通勤時間と呼びます[1]。通勤時間は実労働時間にあたらず、賃金を支払う必要はありません。使用者に指示された就業場所で労務を提供することが、労働契約における労働者の義務であり、通勤時間は、労務を提供する前の準備行為に過ぎません[2]。また、労働者は、始業時刻から働けるように就業場所へ到着していればよく、自宅を出る時間を指定されているわけでもありませんし、スマートフォンなどで私的な活動をするなど自由利用を保障されている時間であることからも使用者の指揮命令下にはないと評価されます。

　もっとも、通勤時間であっても、モバイル機器などを用いて作業を行うことを指示されている場合や必要があれば何らかの業務対応をしなければいけない場合などは　既に労務提供が開始されているのであって、

---

[1]　労災保険法上の「通勤」とは、①住居と就業の場所との間の往復、②就業場所から他の就業場所への移動、③①の往復に先行又は後続する住居間の移動を、合理的な経路および方法により行うものをいい、業務の性質を有するものを除いたものをいいます（労災保険法7条2項）。

[2]　事業所の門を入門してから職場までの歩行時間について労働力提供のための準備行為として労働力の提供そのものではないなどとして労働時間性を否定した裁判例（日野自動車工業事件、東京高判昭56.7.16労判458号15頁）、出張の移動時間について、日常の出勤に費やす時間と同一性質であるとして労働時間性を否定した決定（日本工業検査事件、横浜地川崎支決昭49.1.26労判194号37頁）。

使用者の指揮命令下にあると評価される場合があります。

　なお、直行直帰の移動時間や休日における出張先への移動時間も、指揮命令下にあるといえるような事情がなければ労働時間ではないと扱われます。

3　始業後における移動時間の取扱い

　始業後の移動時間は、多くの場合、使用者の指揮命令下にある時間であって実労働時間に該当し、使用者は、労働者に対して、賃金を支払わなければなりません。始業後の移動時間は、通勤時間と異なり、使用者や顧客などからの連絡に対応しなければならないなど、自由利用が保障されていないことが多く、使用者の指揮命令下にあると評価できる場合がほとんどです。労働時間に該当しない移動時間としては、労働者の都合で移動する時間で自由利用が保障されている時間等が考えられます[3]。

　なお、休憩時間に移動を命じた場合、自由利用が保障されていないため休憩時間ではなくなりますので注意してください。

4　午前はテレワークで、午後から出社する場合の移動時間の取扱い

　この場合も考え方は同じで、個別具体的な事情のもとで、使用者の指揮命令下にある時間といえるか否かで判断します。ガイドライン[4]では、「就業場所間の移動時間について、労働者による自由利用が保障されている時間については、休憩時間として取り扱うことが考えられる。

　一方で、例えば、テレワーク中の労働者に対して、使用者が具体的な

---

(3)　訪問介護事業者に関して、「訪問介護の業務に従事するため、事業場から利用者宅への移動に要した時間や一つの利用者から次の利用者宅への移動時間であって、その時間が通常の移動に要する時間程度である場合には労働時間に該当するものと考えられること。」（訪問介護労働者の法定労働条件の確保について（厚労省平16.8.27基発0827001号））。

(4)　「テレワークの適切な導入及び実施の推進のためのガイドライン」（厚労省令3.3.25公表。**173頁以下**）

業務のために急遽オフィスへの出勤を求めた場合など、使用者が労働者に対し業務に従事するために必要な就業場所間の移動を命じ、その間の自由利用が保障されていない場合の移動時間は、労働時間に該当する。」とされています。多くの場合、午前のテレワークから午後の出社勤務までの時間は、移動に要する時間と休憩時間程度しか想定されておらず、自由利用が認められた時間だと考え難いことから、基本的に労働時間として賃金を支払うべきでしょう。

　なお、このような曖昧な時間は労使間で揉めることも多く、テレワーク規程などで明確にしておくことが望まれます。

長時間労働対策 ①

Q 23 テレワークにおいて長時間労働を防ぐためには、どのような方法がありますか。

答　労働時間を正確に把握しておかないと、長時間労働になっているかどうか認識することができませんので、まずは正確な労働時間の把握が必要です。正確に労働時間を把握できれば、残業や休日労働を原則禁止（事前承認制や許可制）とすることによって、長時間労働を抑止することが考えられます。もっとも、メールの送信時刻や成果物などから残業等が疑われる場合に、労働者から事情を聴取し、注意を促すなどの対応を怠ると、使用者による黙示の指示があったと評価され、労働時間とされる可能性があるため、定期的な実態調査が望まれます。また、システムへのアクセスを制限するといった技術的制限も有効です。

1　テレワークにおける長時間労働

　テレワークは、柔軟な働き方を実現できる反面、労働時間管理が曖昧になってしまい、労働者自身もついつい残業してしまうことがあります。これまでも、多くの企業が、時間外・深夜・休日労働の事前許可制、強制退社などの方法で残業等の抑制に取り組み、一定の成果を上げてきています。テレワークは、非対面での働き方であるため、無許可の時間外・深夜・休日労働を見逃しやすく、より意識して管理する必要があります。

2　テレワークにおける管理方法

　労働者の申告に任せておくだけでは、隠れた長時間労働が横行する可能性がありますので、テレワークに関しては、次のことを徹底することが考えられます。

（1）テレワーク実施者に対する周知

　テレワーク規程に始業・終業時刻の確認方法や中抜け時の取扱い、時間外・深夜・休日労働の可否や許可申請の方法などといった労働時間管理に関する事項を記載するとともに、テレワークにおいて生じやすい事象をパンフレットなどで周知しておくことが望ましいでしょう。

（2）パソコンの稼働時間等による客観的な把握

　労働時間の把握に関する各種ガイドライン[1]にもあるとおり、まずは、勤怠管理ツールによるオンライン打刻やパソコンの起動終了時のログなどから客観的に労働時間を把握することに努めます。

（3）事前許可制

　出社勤務に限らず、テレワークにおいても、時間外・深夜・休日労働を事前許可制とすることが、長時間労働抑制には有効かつ現実的です。厚労省の調査[2]によれば、テレワークを実施している企業のうち59.2％が法定時間外労働を認め（深夜労働41.3％、法定休日労働44.9％）、時間外労働等を認めている企業のほとんどが事前許可制を採用しています。

　もっとも、事前許可制を採用しているだけで、無許可の時間外・休日

---

[1]　「テレワークの適切な導入及び実施の推進のためのガイドライン」（厚労省令3.3.25公表。**173頁以下**）、「情報通信技術を利用した事業場外勤務の適切な導入及び実施のためのガイドライン」（厚労省平30.2.22策定）、「働き方改革を推進するための関係法律の整備に関する法律による改正後の労働安全衛生法及びじん肺法の施行等について」（厚労省平30.9.7基発0907第2号）

[2]　厚労省委託事業「令和2年度テレワークの労務管理に関する総合的実態研究事業」

労働の労働時間性が当然に否定されるわけではなく、メールの送信時間や業務量、成果物などから客観的に把握できたにもかかわらず、漫然と放置していたような場合には労働時間と扱われる可能性があります（事前許可制の詳細については**Q24**を参照）。

（4）日報等による管理（事後報告制）

テレワーク実施者に、業務に従事した時間を日報等に記録・提出してもらうことも有益です。これは事後的な自己申告による労働時間の把握といえます。業務負担を考えると、パソコンの起動終了時刻と実際の始業・終業時刻とのズレ、時間外・深夜・休日労働の申請漏れなど客観的に把握できるものと異なる事項についてのみ日報等で記録・提出してもらうようにします。本格的にテレワークを導入する段階では、勤怠管理ツールなどを用いるなど、オンライン上で修正・訂正申告をできるような体制整備が求められるでしょう。

客観的に把握した時間外・深夜・休日労働の時間と事前許可制及び事後報告による時間外・深夜・休日労働の時間を照らし合わせます。無許可の時間外・深夜・休日労働が判明すれば、事情を聴取したうえで、無許可の時間外・休日労働の禁止を命じます。

（5）注意喚起等

労働時間が柔軟になればなるほど、労働者自身も自分の労働時間を把握できず、結果的に長時間労働になってしまう可能性があります。また、非対面の働き方であるため、上司が把握することも困難になります。そこで、当該労働者だけでなく上司に対しても、定期的に時間外・深夜・休日労働の時間数を通知することが望ましいでしょう。勤怠管理ツールには自動で警告アラートを通知する機能があり、こうした技術を活用することで効率的な管理が可能になります。

（6）技術的な強制

　事業場外から社内のサーバーなどへアクセスできなくすることや、メール送信を制限するなど、物理的に制限することも考えられます。例えば、一律に時間外等のアクセスを制限しておき、申請によって制限を解除するようにしておき、これを時間外・深夜・休日労働の申請と連動させることも可能でしょう。

長時間労働対策 ②

Q 24　我が社では、残業・深夜・休日労働は許可制を採用しています。しかし、許可なく自宅で深夜、休日まで働いている従業員Aから残業代を請求されたのですが、支払わなくてよいでしょうか。Aからメールで送信されてきていた文書のプロパティを確認すると、最終更新が夜の9時とか10時になっているようです。

答　事前許可制を採用していた場合において、無許可で事後申告もなかったとしても、当然に労働時間性が否定されるわけではありません。仮に、労働者から事前の許可申請もなく、事後的にも申告がないとしても、当該労働者からメールが送信されていたり、時間外等に労働しなければ生み出し得ないような成果物が提出されたりしている等、時間外等に労働を行ったことが客観的に推測できるような事実から、使用者が時間外等の労働を知り得る場合には、労働時間に該当します。ファイルの更新時刻の履歴が残っているということは、パソコンの起動終了ログから時間外等の労働を知り得ることから労働時間と評価される可能性があります。なお、ファイルの更新履歴まで確認すれば、客観的に時間外労働等の事実を知ることが可能ですが、使用者の負担を考えるとそこまでは求められないでしょう。

1　時間外・休日労働の事前許可制の基本的な取扱い

　労働者に対して、事前に申請書の提出や口頭などの方法で時間外・深夜・休日労働の事前申請を義務付け、これを使用者が許可した場合に残業等を認めるという残業の許可制を採用している企業が多いと思いま

す。このこと自体は否定されるものではなく、労働時間の管理方法として望ましい方法ですし、長時間労働の抑制にも有効です。テレワークでも事前許可制によって労働時間を管理するのが一般的でしょう。

もっとも、就業規則で事前許可制を採用していたとしても、無許可労働というだけで当然に労働時間性が否定されるわけではなく、具体的な状況において指揮命令下にあったと評価されれば、労働時間と扱われます[1]。例えば、使用者が労働者の無許可残業等を把握できたにもかかわらず、明示的に残業の禁止を命じずに放置すれば、指揮命令下にあったとして労働時間だとされる可能性があります[2]。また、残業等の禁止命令は、他の労働者への業務の振り分けや引継ぎなど具体的な指示と併せて行います。業務量や具体的な状況等から、非現実的な残業禁止命令であれば黙示的な指示があったと評価される可能性があります。

2 テレワークにおける事前許可制の注意点

旧ガイドライン[3]では、時間外・深夜・休日労働に関して、就業規則等により事前許可制を採用し、事後的に報告することも義務づけている場合において、労働者から事前申請がない場合又は事前申請が許可されなかった場合で、かつ、事後報告もなかった場合においては、**次頁**の表の全てに該当する場合は、労働時間に該当しないとされていました。なお、ガイドライン改正に伴い、この部分の明確な記載が無くなりましたが、考え方は同じなので記載しておきます。

---

(1)　就業規則で定めた事前許可制について、事前の承認が行われていないときには時間外手当の請求権が失われる旨を意味する規定であるとは解されないとし、無許可残業についても労働時間と扱った裁判例（昭和観光事件、大阪地判平18.10.6労判930号43頁）

(2)　残業を禁止する旨の業務命令を繰り返し発し、残務がある場合には役職者に引き継ぐことを命じ、この命令を徹底していた事案において、使用者の明示の残業禁止の業務命令に反する時間外労働の労働時間性を否定した裁判例（神代学園ミューズ音楽院事件、東京高判平17.3.30労判905号72頁）。

(3)　「情報通信技術を利用した事業場外勤務の適切な導入及び実施のためのガイドライン」（厚労省平30.2.22策定)

① 労働者からの事前の申告に上限時間が設けられていたり、労働者が実績どおりに申告しないよう使用者から働きかけや圧力があったりする等、当該事業場における事前許可制が実態を反映していないと解し得る事情がないこと。

② 時間外等に業務を行った実績について、当該労働者からの事後の報告に上限時間が設けられていたり、労働者が実績どおりに報告しないように使用者から働きかけや圧力があったりする等、当該事業場における事後報告制が実態を反映していないと解し得る事情がないこと。

③ 時間外等に労働することについて、使用者から強制されたり、義務付けられたりした事実がないこと。

④ 当該労働者の当日の業務量が過大である場合や期限の設定が不適切である場合等、時間外等に労働せざるを得ないような使用者からの黙示の指揮命令があったと解し得る事情がないこと。

⑤ 時間外等に当該労働者からメールが送信されていたり、時間外等に労働しなければ生み出し得ないような成果物が提出されたりしている等、時間外等に労働を行ったことが客観的に推測できるような事実がなく、使用者が時間外等の労働を知り得なかったこと。

　時間外労働等の申請や報告に上限を設けた場合など、事前許可制や事後報告制が適正に労働時間を把握する機能を果たしていない場合には、そもそも、使用者は事前許可制における無許可労働を理由に労働時間性を否定することは許されないことになります。

　また、事前許可制及び事後報告制自体が適正であったとしても、時間外労働等をしないことを理由に不利益に扱うことや業務量、期限などから時間外労働等を行わざるを得ない状況にあるなど、明示ではないにしても、黙示的に時間外労働等を命じたと評価されれば、労働時間に該当

します。

　⑤については注意が必要です。「時間外等に労働を行ったことが客観的に推測できるような事実がなく、使用者が時間外等の労働を<u>知り得なかった</u>」場合でなければならないとされており、メールの送信履歴やパソコンの起動終了ログ、成果物などから時間外労働等を把握できるのであれば、無許可かつ事後報告がないとしても労働時間とされる可能性があります。

同一労働 同一賃金

Q 25 テレワークを理由として賃金に違いを設けることは、同一労働同一賃金に反しないでしょうか。

答 通常の労働者（無期雇用フルタイム労働者）と短時間・有期雇用労働者・派遣労働者との間で、賃金に違いを設ける場合、業務の内容及び当該業務に伴う責任の程度（職務の内容）、当該職務の内容及び配置の変更の範囲その他の事情から、待遇差の目的と実際に設けた待遇差との間に合理的関連性があるといえなければ同一労働同一賃金に反することになります。

1　同一労働 同一賃金

同一労働同一賃金とは、通常の労働者（無期雇用フルタイム労働者）と短時間・有期雇用労働者、派遣労働者との間の<u>不合理と認められる基本給、賞与、その他の待遇の相違の禁止（均衡待遇の原則）</u>及び<u>差別的取扱いの禁止（均等待遇の原則）</u>を意味します（パート・有期労働法8条、同9条（中小企業は令和3年（2021年）4月1日より施行）、労働者派遣法30条の3）。

【同一労働 同一賃金】

不合理な待遇差の禁止（均衡待遇の原則、パート・有期労働法8条、労働者派遣法30条の3第1項）	① 職務の内容（業務の内容と責任の程度） ② 職務の内容、配置の変更範囲 ③ その他の事情 の違いや待遇差の目的を考慮しても不合理と認められる待遇差が禁止されます。 ＊ ①②が異ならない場合は、差別的取扱いの禁止の対象となるため、①②に違いがあることを前提に違いに応じた均衡のとれた待遇を求めるものと解されます。

差別的取扱いの禁止 （均等待遇の原則、パート・ 有期労働法9条、労働者派 遣法30条の3第2項）	① 職務の内容（業務の内容と責任の程度） ② 職務の内容・配置の変更範囲 が通常の労働者と同じ場合は、待遇について 差別的取扱いが禁止されます。

　なお、パート・有期労働法8条、9条、労働者派遣法30条の3が対象とするのは、短時間労働者（パートタイム労働者）、有期雇用労働者、派遣労働者であって、総合職、一般職、限定正社員などの通常の労働者間、短時間・有期雇用労働者、派遣労働者間の待遇差は対象としていません。

2　不合理な待遇差の禁止（均衡待遇の原則）

（1）基本的な考え方

　パート・有期労働法8条において、「短時間・有期雇用労働者の基本給、賞与その他の待遇のそれぞれについて、当該待遇に対応する通常の労働者の待遇との間において、当該短時間・有期雇用労働者及び通常の労働者の業務の内容及び当該業務に伴う責任の程度（以下「職務の内容」という。）、当該職務の内容及び配置の変更の範囲その他の事情のうち、当該待遇の性質及び当該待遇を行う目的に照らして適切と認められるものを考慮して、不合理と認められる相違を設けてはならない。」と規定されおり、待遇の性質及び待遇を行う目的に照らし、①職務の内容（業務の内容と責任の程度）、②職務の内容及び配置の変更の範囲、③その他の事情を踏まえ不合理な待遇差か否かを判断することになります[1]。

（2）具体的検討方法

　まず、同一の企業内にいる通常の労働者と短時間労働者、有期雇用、

---

(1)　旧労契法20条に関する判例として、ハマキョウレックス事件（最二小判平30.6.1労判1179号20頁、長澤運輸事件（最二小判平30.6.1労判1179号34頁）、メトロコマース事件（最三小令2.10.13労判1229号90頁）、大阪医科薬科大学事件（最三小令2.10.13労判1229号77頁）など

派遣労働者の賃金や教育訓練、福利厚生等の待遇について、それぞれリストアップし待遇差の有無、内容を確認します。

　次に、待遇差がある場合には、待遇差を設けている理由を書きだすなどして明確にします。

　そのうえで、当該待遇差を設ける目的と待遇差のある労働者の①職務の内容や②職務の内容及び配置の変更の範囲、③その他の事情から、労働者に待遇差を設けることとの間に合理的関連性がなければ、不合理な待遇差といえます。

3　テレワーク実施者と出社勤務者との賃金格差の適否

　通常の労働者と短時間労働者、有期雇用労働者とを比較し、賃金に格差を設けている企業があれば、当該賃金格差の目的を検討します。当該賃金が労働者の業績や成果に応じて支給するものであれば、業績に応じた賃金を支給することで労働者間の公平な評価を行うためだと考えられるでしょう。業務が限定されているか否か、時間外・深夜・休日労働の有無、転勤の有無、出社勤務命令に応じる義務の有無など、テレワークであるか否かで職務の内容や職務の内容及び配置の変更の範囲が異なり、業務量に違いがあるような場合において賃金に格差を設けること自体は不合理ではないと考えられます。もっとも、通常の労働者でテレワークに従事する者と短時間・有期雇用労働者、派遣労働者でテレワークに従事する者との間で待遇格差がある場合において、通常の労働者間でテレワークによって同様の待遇差が設けられていないといった事情があれば、テレワークであるか否かによる待遇格差では説明がつかず不合理だとされる可能性が高いと思います。交通費やテレワーク手当といったテレワークに伴う費用に関連するものであれば、労働者の実費負担の軽減という目的と実際にテレワークに従事するか否かで待遇差を設けることとの間に合理的関連性があるため不合理な待遇差とはいえません。

固定残業代

Q 26 固定残業代を適用している従業員にテレワークをしてもらおうと思います。ただ、テレワークは原則残業禁止にしているので、固定残業代の適用を外そうと考えていますが可能でしょうか。

答　一般的に固定残業代は実際に時間外労働をしたか否かにかかわらず支給するものであり、テレワークに伴って固定残業代の支給をやめることは、減給を伴う配転に類似することから、原則として労働者の同意を得て行うべきです。

1　固定残業代制とは

　固定残業代制とは、時間外労働に対する割増賃金を労基法37条の計算方法ではなく、定額で支給する制度をいいます。定額残業代と呼ばれたりもします。通常、時間外労働の有無にかかわらず定額の固定残業代が支給されることから、これがインセンティブとなるようにうまく活用すれば、時間外労働を抑制する効果があるといわれています。労基法37条は、一定額以上の割増賃金を支払うことを義務付けているだけで、同条に定める方法で計算することまでは求めていないことから、割増賃金を支払うことを義務づけ長時間労働を抑制しようとした労基法37条の趣旨に反しない内容であれば、固定残業代制も適法だと解されています。判例[1]によれば、固定残業代が有効といえるには、通常の労働時間の賃金にあたる部分と法定時間外労働に対する割増賃金部分とが判別できることが必要だとされています。

---

[1]　「通常の労働時間の賃金に当たる部分と労基法37条の定める割増賃金に当たる部分とを判別できることが必要であるとしたうえで、この判別ができるというためには、当該手当が時間外労働等に対する対価として支払われるものとされていることが必要である。」（国際自動車事件、最一小判令2.3.30）

　なお、固定残業代に相当する時間外労働時間を超えて労働した場合には、不足する割増賃金を支払う必要があります。

2　固定残業代の支給をやめることの可否

　テレワークにおいて時間外・深夜・休日労働を原則禁止とすることが多く、固定残業代を採用していた労働者にテレワークを認める場合には、固定残業代の支給をやめることができるのかという問題があります。

（1）合意原則

　労働者の同意なく労働条件を不利益に変更することは原則として許されません（労契法8条）。固定残業代の適用を外すことが不利益変更にあたるとすると、労働者の同意なく固定残業代の適用を外すことは許されないことになります。

　この点、固定残業代は、労基法37条の割増賃金の支給ではあるものの、時間外労働の有無にかかわらず支給されることから、基本給的な性質も有していると考えることができます。そうすると、固定残業代の支給をやめることは、労働者に減給という不利益を与えるものだと考えることができ、原則として労働者の同意なく固定残業代の支給をやめることはできないと解されます。

　労働者の希望によるテレワークの場合であっても、固定残業代が支給されないことを労働者に対して明確に説明のうえ、同意を得ておくべきです。

（2）労働者の同意がない場合

　労働者が希望しないテレワークやテレワークの希望があるものの固定残業代の不支給について同意がない場合に、使用者が一方的にテレワークに伴い固定残業代の支給をやめることが可能でしょうか。この点、テレワークは就業場所の変更を伴うものであり、減給を伴う配転と類似す

ることから、業務上テレワークの必要性が存しない場合又は業務上の必要性があるとしても不当な動機・目的をもってなされたとき若しくは労働者に対して通常甘受すべき程度を著しく超える不利益を負わせるものであるときには権利濫用になるという配転の判断枠組みが参考になります（東亜ペイント事件、最二小判昭61.7.14労判477号6頁）。

　テレワークの実施は働き方改革の趣旨に沿うものであることから、通常、業務上の必要性が否定されることは少ないでしょう。退職させるための嫌がらせといった不当な動機や目的でないとしても、実質的な減給を伴うことから、具体的な事情のもと、通常甘受すべき程度を著しく超える不利益を負わせるものであれば、テレワーク命令や固定残業代の支給をやめることが権利濫用だと判断される可能性があります。固定残業代が時間外労働の有無にかかわらず支給されるものだとすると、固定残業代の支給をやめることは減給の性質を有する以上、権利濫用と解される可能性は小さくありません。

ハラスメント ①

Q 27 テレワークハラスメントという言葉を聞くようになりましたが、ハラスメント対策として、どういったことに注意すべきでしょうか。

答　テレワークは、事業場外を就業場所とする働き方に過ぎず、ハラスメント行為が生じる可能性は出社勤務と変わりません。もっとも、テレワーク特有の事情から生じるハラスメントもあり、これまでの出社勤務を前提とした対応では不十分です。例えば、管理職や労働者、相談窓口担当者向けの研修にテレワークを想定した具体的事例を加えることはすべきです。また、テレワーク実施者も参加できるようなweb会議やオンデマンド方式による研修、web会議を利用したハラスメント相談といった体制整備も必要です。

1　テレワークハラスメント

　テレワークは事業場外を就業場所とする働き方に過ぎず、パワーハラスメント（以下、「パワハラ」といいます。）やセクシャルハラスメント（以下、「セクハラ」といいます。）といった、職場におけるハラスメントが発生しうることは変わりがありません。そして、ハラスメントを防止するための措置を講じる法的義務があることも同じです。テレワークの導入に伴い、電話、Ｅメール、チャットツール、web会議などを利用した非対面でのコミュニケーションが増え、対面であればしないような言動をしてしまうことが増えているようです。

2　テレワークで起こりがちなハラスメント

　テレワークでは、非対面で労働時間や業務の進捗管理、業務命令を行うことが求められることから、出社勤務以上に頻繁に連絡や報告を求めがちです。また、web会議やチャットツールという新しいコミュニケーション空間に慣れておらず、ついつい不注意な言動をしてしまう傾向もあります。

　パワハラ的な行為としては、業務内容や進捗状況、時間の配分、何をしていたのかなど詳細な説明を必要以上に求める、web会議を利用した際に在宅勤務の同居者の騒音などにイライラする、web会議の参加メールを送らない、チャットグループに参加させない、参加していない人を侮辱するようなやり取りをするなどです。

　セクハラ的な行為としては、web会議でカメラに映りこむプライベート空間について話題にする、web会議の参加者が揃うまで時間が空くとついつい個人的な話を聞いてしまう、1対1のチャットなどの閉鎖空間であることから冗談のつもりで性的な言動をしてしまうなどです。

3　ハラスメントを防止するために事業主が講ずべき措置

　事業主には、労働者の生命、身体等の安全に配慮する義務があり、労働施策総合推進法や男女雇用機会均等法、育児介護休業法などで、ハラスメントを防止するために次のような措置を講じることが求められます[1]。なお、パワハラ防止措置を講ずべき義務に関して、中小企業は、令和4年（2022年）3月31日までの間は努力義務とされています。

---

[1]　「事業主が職場における優越的な関係を背景とした言動に起因する問題に関して雇用管理上講ずべき措置等についての指針」（厚労省令2.1.15告示5号）、「事業主が職場における性的な言動に起因する問題に関して雇用管理上講ずべき措置等についての指針」（厚労省平18.10.11告示615号、最終改正：令2.1.15告示6号）、「事業主が職場における妊娠、出産等に関する言動に起因する問題に関して雇用管理上講ずべき措置等についての指針」（厚労省平28.8.2告示312号、最終改正：令2.1.15告示6号）など

（1）事業主の方針の明確化及びその周知・啓発

　事業主は、労働者に対して、社内報、就業規則、研修などによって自らハラスメントの内容、行為者への厳正な対処方針や処分内容を周知・啓発することが求められます。研修などでは、テレワークに特有のハラスメントについても忘れずに取り入れてください。また、web会議を利用してテレワーク実施者も研修へ参加できるようにしてください。

（2）相談（苦情を含む）に応じ、適切に対応するために必要な体制の整備

　ハラスメントに関して周知すれば、労働者がハラスメントに対する対応を求めてくることが予想されるため、相談窓口などの対応窓口を設けること、相談対応の方法、ハラスメントの事実関係調査の方法などの体制整備が求められます。テレワーク中の労働者からの相談にも対応できるように、web会議を利用した相談にも対応できるようにしてください。

（3）職場におけるハラスメントへの事後の迅速かつ適切な対応

　相談窓口などの体制整備が整えば、実際に相談がくることが予想され、ハラスメントの事実が判明した場合には、加害者に対する懲戒処分の配置転換、謝罪、被害者の配置転換、再発防止策など対応が求められます。また、ハラスメントの事実が確認できない場合にも関係改善に向けた対応が求められます。

＊　妊娠・出産等に関するハラスメントに関しては、職場における妊娠・出産等に関するハラスメントの原因や背景となる要因を解消するために、業務分担の見直しなどの措置も必要です。

（4）併せて講ずべき措置

　ハラスメントに関しては、第三者に知られたくないと考える被害者も少なくないですし、相談したことや調査に協力したことで不利益を受けるのではないかと被害者や協力者は不安に思います。そこで、プライバシーを保護することや不利益な取扱いをしないことが求められます。

ハラスメント②

Q 28 職場の上司や同僚から、よく飲み会に誘われます。以前はいろいろと理由をつけて断っていたのですが、「リモート飲み会」となってからは自宅にいるという前提であることから断りにくく、渋々参加しているような状況です。リモートであっても飲み会には参加したくないのですが……。

答 労働者は、労働契約上、業務と関係のない飲み会に参加する義務はなく、使用者が、労働者に対して、業務と関係のない飲み会へ参加を強要することは、パワーハラスメントに該当する可能性があります。労働者は、理由の有無や内容に関係なく、飲み会の誘いを断ることができます。

1 パワーハラスメント

パワーハラスメントは、職場において行われる①優越的な関係を背景とした言動であって、②業務上必要かつ相当な範囲を超えたものにより、③労働者の就業環境が害されるものであり、①から③までの要素を全て満たすものをいいます。なお、客観的にみて、業務上必要かつ相当な範囲で行われる適正な業務指示や指導については、職場におけるパワーハラスメントには該当しません（労働施策総合推進法30条の2第1項、同3項、「事業主が職場における優越的な関係を背景とした言動に起因する問題に関して雇用管理上講ずべき措置等についての指針」（厚労省令2.1.15告示5号））。

指針では、代表的なパワーハラスメントである6類型を示し、それぞれ典型的な例が示されています（**次頁**参照）。なお、全てのパワーハラ

スメントを網羅しているわけではありません。

類型	該当例	非該当例
（1） 身体的な 攻撃	●殴打、足蹴りを行う ●相手に物を投げつける	●誤ってぶつかる
（2） 精神的な 攻撃	●人格否定 ●性的指向、性自認に関する侮辱的な言動 ●必要以上の厳しい叱責 ●他の労働者の面前における威圧的な叱責 ●相手の能力を否定し、罵倒する内容のメールを、本人を含む複数の者に送信する	●ルールを欠いた言動を注意しても改善されない場合に、強く注意する ●重大な問題行動を行った者に対して、強く注意する
（3） 人間関係 からの 切り離し	●仕事を外し、長期間にわたり別室に隔離したり自宅研修をさせる ●集団で無視し、孤立させる	●新規採用者の育成のため、短期間集中的に別室で研修を実施する ●懲戒処分者に対し、通常業務に復帰させるために、一時的に別室で研修を受けさせる
（4） 過大な 要求	●長期間、過酷な環境下で、勤務に直接関係ない作業を命じる ●新卒採用者に対し、必要な教育を行わないまま、到底達成できないレベルの目標を課し、達成できなかったときに厳しく叱責する ●業務と関係ない雑用をさせる	●育成のため現状の能力より少し高いレベルの業務を任せる ●業務の繁忙期に、業務上の必要性から、通常時より一定程度多い業務処理を任せる

類型	該当例	非該当例
（5） 過小な 要求	●管理職に対し、誰でもできる業務を行わせる ●気に入らない労働者に対して嫌がらせのために仕事を与えない	●労働者の能力に応じて、一定程度業務内容や業務量を軽減する
（6） 個の侵害	●職場外で継続的に監視する ●性的指向、性自認や病歴、不妊治療等の機微な個人情報について、本人の了解を得ずに他の労働者に暴露する	●労働者への配慮を目的として、労働者の家族の状況等についてヒアリングをする ●労働者の了解を得て、性的指向、性自認や病歴、不妊治療等の機微な個人情報について、必要な範囲で人事労務部門の担当者に伝達し、配慮を促す

2 飲み会の強要

　テレワーク実施者とのコミュニケーションの一環として、web会議システムを利用した懇親会等が行われることがあります。これまでも、歓送迎会、忘年会、新年会などの名目で、職場の飲み会が行われてきましたが、最近では、労働契約上、業務と関係のない飲み会へ参加する義務はないという理解が浸透し、また、飲み会への参加を強要することはパワハラではないかともいわれ、職場の飲み会の実施も慎重になってきています。飲み会へ誘うこと自体は何ら問題ありませんし、労働者が任意で参加するのであれば問題ありません。不参加の意思を明確にしている労働者に対して執拗に参加を求めることや、協調性がないなどと人事評価でマイナス評価することなどを示して参加を求めることは、パワーハラスメントに該当する可能性が高いでしょう。飲み会への参加強要は、パワーハラスメントの6類型のいずれにも該当しないようにも思えます

が、パワーハラスメントの要素①～③を全て満たすものといえます。

　使用者が任意参加であることを示して労働者を誘ったとしても、断りにくいと感じた労働者が嫌々参加している場合もあります。この場合、パワーハラスメントに該当する可能性は低いといえますが、具体的事情のもと、社会通念上断れないという状況であれば、パワーハラスメントに該当することもあり得ます。

　飲み会への参加を理由もなく断りにくいと感じている労働者も少なくなく、特に、独身の在宅勤務者の場合は断りにくいと感じている可能性が高いといえます。リモート飲み会に限らず、不参加に不利益はないことや任意参加であることを伝えたうえで飲み会へ誘うべきでしょう。

ハラスメント ③

Q 29　最近、よくリモート飲み会に参加しています。日頃から飲み会などでハラスメントと指摘されないよう注意はしていますが、リモートの場合に特に注意すべきことがあったら教えてください。

答　リモート飲み会も、飲酒と気の緩みからハラスメントが生じやすい場面であることには変わりがありません。もっとも、webカメラにプライベート空間が写り込む可能性や発言者が限定されてしまうといった機能上の制限などから、リモート飲み会特有のハラスメントも生じているといわれています。出社勤務を前提とした研修などは実施されていましたが、これからは、テレワークに伴って生じやすいハラスメントについても研修などを通じて周知・啓発することが求められます。

1　代表的なハラスメント

　まずは、代表的なハラスメントであるパワーハラスメント、セクシャルハラスメント、マタニティハラスメントについて確認しておきます。これらハラスメントは、単独で生じる場合もありますが、複合的に生じる場合もあります。

【パワーハラスメント】

> 　職場において行われる①優越的な関係を背景とした言動であって、②業務上必要かつ相当な範囲を超えたものにより、③労働者の就業環境が害されるものであり、①から③までの要素を全て満たすもの。

【セクシャルハラスメント】

> 職場において行われる性的な言動に対するその雇用する労働者の対応により当該労働者がその労働条件につき不利益を受け（対価型セクシュアルハラスメント）、又は当該性的な言動により当該労働者の就業環境が害されること（環境型セクシュアルハラスメント）。

【マタニティハラスメント】

> 職場において行われる上司・同僚からの言動（妊娠・出産したこと、育児休業等の利用に関する言動）により、妊娠・出産した女性労働者や育児休業等を申出・取得した男女労働者等の就業環境が害されること。

　なお、就業時間外の「懇親の場」であっても、実質上職務の延長と考えられるものは職場に該当するとされ、飲み会の場で行われる言動であっても、ハラスメントに該当する場合があります。

2　リモート飲み会の特殊性

　リモート飲み会は、居酒屋などの店舗で行われるものと異なり、web会議システムなどを利用して自宅等から参加する飲み会です。リモート飲み会も、飲酒と気のゆるみから、ハラスメントが生じやすい場面であることはこれまでの飲み会と同じです。リモート飲み会では、プライバシー空間が参加者に共有される可能性があることや、発言者が限定されるといった機能上の制限などからこれまでの飲み会とは異なる点があり、次のような事象が生じているといわれています。なお、ハラスメントのない良好な職場環境作りには、ハラスメントに該当するかどうかに拘ることなく、まずは、当該労働者が不快に感じるか否かを基準に行動することが重要です。

（1）強制参加

　有無を言わせない強制参加や不参加に不利益を与えるようなことは論外ですが、実質的に強制参加になっている可能性があります。リモート飲み会は時間の融通をつけて少しでも参加しないといけないのではないかと感じる労働者も少なくないようです。業務に関係のない飲み会への強制参加は、パワーハラスメントに該当すると考えられます。これまで以上に、労働者に対しては、不参加によって不利益に扱わないことやあくまでも任意参加であることを伝えるべきでしょう。

（2）プライベート空間の暴露

　リモート飲み会に限らないことですが、web会議システムは、参加者の背景にプライベート空間が写り込むことがあります。写真や書籍、間取り、広さ、カーテンの色、家族など写り込んだ背景に関して、ついつい話題にしたくなりますが、個人的な事柄について詮索することは、いわゆるパワーハラスメントの6類型の1つである「個の侵害」（6類型については**Q28**参照）に該当する可能性があります。仮想の背景を利用することやカメラをオフにすることも許容すべきでしょう。

（3）発言者の限定

　web会議システムの仕組み上、発言できるのは1人だけになり、どうしても発言者が偏ってしまいます。懇親目的であれば、個室機能やチャット機能を利用するなど数人で会話できる空間を作ることを検討しても良いかもしれません。もっとも、参加者間でそれぞれやり取りすることはコミュニケーションを深める意味で有益ですが、誰にも知られない閉鎖空間でもあるため、2人だけの個室やチャット空間はなるべく避けるか、短時間で終えるようにしたほうが良いでしょう。

（4）録画やスクリーンショット機能

web会議システムの録画機能やスクリーンショット機能を利用する

ことで、参加者に無断で撮影が可能です。労働者の容姿を無断で撮影することは、パワーハラスメントやセクシャルハラスメントと呼ぶかどうかは別として、違法なプライバシー侵害となる可能性がありますので、撮影等を禁止しておくべきです。

（5）退出しにくい状況

リモート飲み会では、店舗のように時間制限がなく、どうしてもだらだらと長時間になる傾向がありますので、時間制限を設けておくべきでしょう。また、店舗での飲み会の場合は、自分の周りの人と会話ができますが、リモート飲み会では、システム上どうしても発言者が限られてしまい、他の参加者はただただ聞いているだけということもありますので、途中退出も許容しておくべきでしょう。

3　ハラスメント研修の充実

パワーハラスメント、セクシャルハラスメント、マタニティハラスメントといった代表的なハラスメントについては、指針が示され、使用者に対してハラスメント防止措置義務が具体的になっています。ハラスメント防止措置義務の1つとして、ハラスメントの内容について労働者へ周知・啓発することが求められ、ハラスメント研修を実施する企業も増えています。もっとも、これまでは出社勤務を前提とした研修が中心で、テレワークに関連したハラスメントについては不十分でした。使用者としては、テレワークにありがちなハラスメントについても周知・啓発することが求められます。

ハラスメント ④

Q 30 我が社では、テレワーク中にチャットツールを利用して指示等を行っているのですが、チャットの文章が命令口調でパワハラだという従業員がいます。これはパワハラなのでしょうか。

答　脅迫・名誉棄損・侮辱・ひどい暴言などでなく、命令口調程度であれば、パワーハラスメントには該当しません。もっとも、パワーハラスメントに該当しないから問題ないと考えるべきではありません。コミュニケーション不足が原因となってハラスメントに発展することも多く、チャット等の文字でのコミュニケーションは敢えて柔らかい表現を用いるようにするとよいでしょう。

1　パワーハラスメントとは

　法律[(1)]および指針[(2)]によればパワーハラスメントは、職場において行われる①優越的な関係を背景とした言動であって、②業務上必要かつ相当な範囲を超えたものにより、③労働者の就業環境が害されるものであり、①から③までの要素を全て満たすものをいいます。なお、客観的にみて、業務上必要かつ相当な範囲で行われる適正な業務指示や指導については、職場におけるパワーハラスメントには該当しません。

---

(1)　労働施策総合推進法30条の2第1項、同3項
(2)　「事業主が職場における優越的な関係を背景とした言動に起因する問題に関して雇用管理上講ずべき措置等についての指針」（厚労省令2.1.15告示5号）

2 「業務上必要かつ相当な範囲を超えたもの」とは

指針（**前頁の脚注(2)**）によれば、「業務上必要かつ相当な範囲を超えたもの」とは、社会通念に照らし、当該言動が明らかに当該事業主の業務上必要性がない、又はその態様が相当でないものを指し、例えば、次のような言動とされています。

- 業務上明らかに必要性のない言動
- 業務の目的を大きく逸脱した言動
- 業務を遂行するための手段として不適当な言動
- 当該行為の回数、行為者の数等、その態様や手段が社会通念に照らして許容される範囲を超える言動

そして、この判断に当たっては、様々な要素（当該言動の目的、当該言動を受けた労働者の問題行動の有無や内容・程度を含む当該言動が行われた経緯や状況、業種・業態、業務の内容・性質、当該言動の態様・頻度・継続性、労働者の属性や心身の状況、行為者との関係性等）を総合的に考慮することが適当とされています。また、その際には、個別の事案における労働者の行動が問題となる場合は、その内容・程度とそれに対する指導の態様等の相対的な関係性が重要な要素となることについても留意が必要だとされています。

3 「労働者の就業環境が害される」とは

そして、「労働者の就業環境が害される」場合とは、当該言動により労働者が身体的又は精神的に苦痛を与えられ、労働者の就業環境が不快なものとなったため、能力の発揮に重大な悪影響が生じる等当該労働者が就業する上で看過できない程度の支障が生じることを指すとされています。

なお、この判断に当たっては、「平均的な労働者の感じ方」、すなわち、同様の状況で当該言動を受けた場合に、社会一般の労働者が、就業する

上で看過できない程度の支障が生じたと感じるような言動であるかどうかを基準とすることが適当だとされています。就業環境が不快になったと、当該労働者が感じれば足りるということではないことが明確にされています。

4 チャットの文章が命令口調となっていることがパワーハラスメントなのか

パワーハラスメントは、一般的に6類型に分類されており、命令口調となっていることは、「精神的攻撃」に該当する可能性はあります。前掲指針によれば、精神的攻撃としては、脅迫・名誉棄損・侮辱・ひどい暴言などが想定されており、次のような場合がパワーハラスメントに該当します（**Q28**参照）。これによれば、命令口調程度ではパワーハラスメントに該当しないといえます。

①**人格を否定するような言動を行うこと。相手の性的指向・性自認に関する侮辱的な言動を行うことを含む。**

②**業務の遂行に関する必要以上に長時間にわたる厳しい叱責を繰り返し行うこと。**

③**他の労働者の面前における大声での威圧的な叱責を繰り返し行うこと。**

④**相手の能力を否定し、罵倒するような内容の電子メール等を当該相手を含む複数の労働者宛てに送信すること。**

また、当該労働者がパワーハラスメントに該当すると感じたとしても、命令口調程度であれば、平均的な労働者の感じ方を基準とすれば、就業する上で看過できない程度の支障を感じることもないでしょうから、この意味でもパワーハラスメントに該当しません。

もっとも、表情や声のトーンなどでニュアンスが伝わる対面でのコミュニケーションと異なり、チャット等の文字だけのコミュニケーションでは誤解されがちです。そこで、意識的に柔らかい表現を用いるよう心掛けるとよいと思います。

費用負担

Q 31　テレワークにかかる通信機器、通信料などの費用負担について、どのように取り決めればよいでしょうか。

答　労働契約で使用者負担とすることも労働者負担とすることも可能です。もっとも、労働者負担とする場合、就業規則へ明記することが必要です。新たに労働者を採用する場合には、労働条件通知書へ明記するなど、労働者へ明示することが必要になります。労働者にとって負担が増加することは、不利益な労働条件の変更にあたると考えられることから、労働者に十分説明のうえ、合意を得ておくべきでしょう。合意を得られない場合には、これまで使用者が負担していた費用と同様のものであるかどうか、労働者に利益があるかどうか（私的利用を認めるものかどうか）、代替措置として手当を支給するかどうかなどを踏まえ、合理的な内容となるように配慮する必要があります。

1　業務に必要な費用の負担

　テレワークには、通信機器の購入・リース費用、通信回線工事費、通信費、水道光熱費（在宅勤務の場合）、サテライトオフィス利用料、デスクなどの環境整備費などが必要になります。これら費用を使用者が負担すべきでしょうか。

　出社勤務の場合、デスクや椅子、コピー機、PC、携帯電話、スマートフォン、制服などの購入費やリース料、通信費、水道光熱費など、業務に必要な費用は、当たり前のように使用者が負担していることがほとんどです。作業着や制服など、労働者が退職してしまうと使い回せない消耗品は労働者の負担としていることもあるでしょう。

　そもそも、業務に必要な費用を使用者が負担することは当然のことで
はなく、労働者に負担させる労働契約も可能です。

　ただし、労働者に負担させるには、労働契約の締結に際して、労働条
件通知書などで明示する必要があります[1]。また、就業規則の任意的必
要記載事項にもあたるので、就業規則の作成義務がある場合には、就業
規則へも記載しなければなりません[2]。

　労働者にとって負担が増加することは、不利益な労働条件の変更にあ
たると考えられます。そこで、新たに負担させる場合は、労働者に十分
説明のうえ同意を得るべきでしょう。同意を得られない場合には、これ
まで使用者が負担していた費用と同様のものであるかどうか、労働者の
利益があるかどうか（私的利用を認めるものかどうか）、代替措置とし
て手当を支給するかどうかなどを踏まえ、合理的な内容となるように配
慮する必要があります。

　なお、高額な費用を労働者に負担させることは違法とされる可能性が
ありますし、使用者に義務づけられた健康診断の費用[3]など、労働者に
負担させることができない費用もありますので注意してください。

2　テレワークに必要な費用の負担

（1）基本的な視点

　基本的にテレワークに必要な費用を労働者に負担させることは可能で
す。テレワークに関する費用をピックアップし、それぞれについて、セ
キュリティ面、労働者の私的利用の有無、金額などを踏まえ判断するこ
とになります。やはり、基本的な視点としては、出社勤務と同じく、業

---

[1]　「労働者に負担させるべき食費、作業用品その他に関する事項」（労基法15条1項、労基則5
　条1項6号）、30万円以下の罰金（労基法120条1号）

[2]　「労働者の食費・作業用品その他の負担に関する事項」（労基法89条5号）、30万円以下の罰
　金（労基法120条1号）

[3]　安衛法66条1項から4項の健康診断は、使用者が費用負担すべきものとされています（「労
　働安全衛生法および同法施行令の施行について」（厚労省昭47.9.18基発602号））。

務に必要な費用は使用者が負担するという視点に立つことになるでしょう。テレワークを機に労働者に負担を負わせてコスト削減を図るという発想は避けるべきです。

（2）パソコン、パソコン周辺機器、スマートフォン、タブレット

　テレワークの実施に不可欠なPC端末は、日常的に機密情報へアクセスするものですから、セキュリティ管理を使用者が統一的に管理するためにも、使用者が費用を負担のうえ購入し、これを貸し出すべきでしょう。これまで業務で利用していたモバイルPCなどは会社が負担していたこととのバランスからも労働者に負担させることは労働者の反発を招きかねません。労働者の同意なく、一方的に労働者の負担とすることは無効となる可能性が高いと考えられます。

（3）Wi-Fiルーターなどの通信機器や回線工事費用

　Wi-Fiルーターも使用者が支給することが一般的でしょう。在宅勤務の場合は、自宅のブロードバンド回線を利用することも少なくないですが、自宅に業務に耐えられる速度のブロードバンド回線がない場合に、回線工事費用を誰が負担すべきなのかという問題があります。この場合、使用者が準備したWi-Fiルーターを貸与することが簡便ですが、労働者の自宅へ回線を引く場合には、労働者が私的に利用できる回線であることから、労働者負担とすることも考えられます。労働者の負担感を考え、工事費用の一部（例えば、20％補助など）を使用者が負担するということもあり得るでしょう。

（4）通信料

　使用者がWi-Fiルーターを支給する場合は、私的利用を禁止のうえ、通信料を使用者が負担するということが一般的だと思います。他方、労働者の回線を利用する場合、労働者が私的に利用することも可能であるため、労働者負担とすることもあり得ますし、労働者の負担を考え、一

部会社が負担することも考えられます。労働者が契約する接続業者によって通信料が変わってくることから、労働者ごとに計算する煩雑さを考えれば、水道光熱費などとひとまとめにして、一律にテレワーク手当を支給するということでも構いません。

（5）デスクなどの環境整備、サテライトオフィス使用料

　事業場では、PC作業に適したデスクなどが用意されていますが、テレワークでは、様々な環境で働くことになります。パソコンなどの情報通信機器を用いた作業に関しては、デスクの高さなど労働安全衛生管理のためのガイドラインが定められており、使用者は、作業環境をできる限り適正に管理しなければなりません。このことからすれば、環境整備に関して使用者が無関心でいるわけにはいかず、一定程度、費用を負担するのが望ましいでしょう。例えば、適正な作業環境がどういったものかを労働者に周知したうえで、一時金として環境整備手当を支給することが考えられます。また、通信費や水道光熱費だけでなく、環境整備費も含めて、テレワーク手当を毎月支給してもよいでしょう。在宅勤務の場合は、出社する負担やスーツ、靴等の被服費が多少は減少することや、転職後もテレワークで利用できる財産でもあることから、労働者の負担とすることでも問題ないと考えます。

　サテライトオフィス使用料は、複数になれば高額になることも考えられますし、事業場の家賃と二重に家賃が発生するような状態ですから、積極的にサテライトオフィスの使用を推奨するのでなければ、使用者が負担することには抵抗感があるでしょう。サテライトオフィス使用料については、今後の経営方針に応じて判断することになるのではないでしょうか。

（6）水道光熱費

　在宅勤務の場合、自宅の電気を利用して業務を行うことから、一般的に電気代が高騰します。もっとも、実際に業務に利用した部分が幾らな

のかを算出することは容易ではないことから、通信費、環境整備費など諸々の費用としてテレワーク手当を支給することが多いのではないでしょうか。

（7）費用負担の実態

　厚労省による実態調査[4]によると、会社が貸与または費用負担している内容は、パソコン74.4％、パソコンの周辺機器55.7％、スマートフォン・携帯電話47.9％、通信機器25.3％、通信回線の使用料9％、一定の手当支給6.2％、水道光熱費1.4％などとなっており、これまでも使用者が負担してきたパソコン関連については使用者が負担するのが一般的ですが、労働者の私的利用と交錯する通信料などは労働者負担とするのが一般的のようです。もっとも、これは新型コロナウィルスの流行による緊急対応下における実態ですので、今後、テレワークが定着するようになれば、使用者が負担する割合も多くなる可能性があります。

---

(4)　厚労省委託事業「令和2年度テレワークの労務管理に関する総合的実態研究事業」

通勤手当

Q 32 | 出社勤務の従業員をテレワークへ切り替えたのですが、これまで支給していた通勤手当の支給をやめても問題ないでしょうか。

答 　通勤の必要がないテレワーク実施者に対して、通勤手当の支給を中止しても問題ありません。もっとも、通勤の有無に関係なく支給されているなど、実質的に労働の対価と評価されるような場合は、テレワーク実施を理由に不支給とすると、賃金の切り下げに該当する可能性がありますので、労働者の同意を得るようにしてください。

1　通勤手当の廃止

　労務を提供する債務は持参債務であり、本来、通勤交通費は労働者が負担すべきものです。このため、通勤交通費を使用者と労働者のいずれが負担するかは自由に決めることができます。そして、支給条件が明確にされている場合には、通勤交通費も賃金に該当すると解されているところ、賃金としての性格を有する場合が多いといえます。

　とすると、通勤手当自体を廃止することは、賃金の減額に該当し、労働条件を不利益に変更することになりますので、基本的には労働者の同意が必要でしょう。

2　テレワークを理由とする通勤手当の不支給

　在宅勤務など、テレワークを実施することにより通勤の必要性がないのであれば、通勤手当を支給しないこととしても問題ありません。そもそも、通勤手当は、労務を提供するための自宅から事業場までの移動費

を使用者が負担するものなので、移動しないのであれば支給する根拠が
ないといえます。

　なお、名目上通勤手当となっているものの、通勤の有無や距離等に関
係なく支給されているなど、実質的に労働の対価と評価されるような場
合には、労働者の同意を得るべきでしょう。

3　午前在宅勤務、午後出社の場合の通勤交通費

　午前在宅勤務、午後出社の場合の通勤交通費に関して記載している就
業規則は少ないのではないでしょうか。午前在宅勤務の場合、一旦、就
業を開始していることから、午後出社のための移動時間は、労務提供を
開始するための移動時間とは異なり、労働時間と考えられます（午後出
社の場合の移動時間の性質については**Q22**を参照）。使用者が出社を命じ
たような場合は、就業場所間の移動時間として労働時間に該当しますし、
移動時間中に業務対応を行う必要がある場合も労働時間に該当します。

　では、この移動に要する交通費は使用者が負担すべきでしょうか。

　就業規則や個別の合意によって明確になっていれば、これに従うこと
になります。一般的には、就業場所間の移動や出張等の旅費について使
用者負担と規定されていることが多いですし、合理的な労使慣行として
も使用者が負担していることがほとんどでしょう。結論としては、使用
者が負担すべきといえます。

　なお、通勤の必要性に応じて、通勤交通費の支給・不支給を判断する
ことは問題ないですが、テレワーク実施者と非実施者との間で手当の支
給に待遇差を設ける場合には、同一労働同一賃金の視点も忘れないよう
にしてください。例えば、正規雇用労働者にのみ通勤交通費を支給する
場合には、不合理な待遇差と評価される可能性があります。

第3章
労働災害・安全衛生管理

労働災害 ①

Q 33 在宅勤務中に自宅で転倒した場合、労災になるでしょうか。

答 作業中に椅子から転げ落ちた、就業時間中にトイレへ行く際に転倒したといった業務自体や業務に付随する行為によるものであれば労災になりますが、私的行為によるものなど、業務起因性が認められない事情があれば、労災にはあたりません。

1 業務起因性

業務災害は、業務上の事由による労働者の負傷等を対象とするものであり、「業務上」といえるかは、業務に起因する負傷等か否かで判断され、（労基法75条、労災保険法1条等）、労働者の業務と負傷等の結果との間に、当該業務に内在または随伴する危険が現実化したと認められるような相当因果関係がなければなりません。これを「業務起因性」と呼びます。そして、業務起因性の第1次的判断要素として「業務遂行性」が必要だとされており、この業務遂行性とは、「具体的な業務の遂行中にあること」と狭く解するのではなく、「労働者が事業主の支配ないし管理下にあること」をいうと広く解されています。結局のところ、「労働者が事業主の支配ないし管理下にあることに伴う危険が現実化したものと経験則上認められる場合」に、業務起因性が認められるということになります。

業務遂行性が認められる負傷等は、次の3つに大別されます。

①事業主の支配下にあり、かつ、管理下にあって業務に従事している場合

業務行為及びそれに伴う用便や飲水等の生理的行為や反射的行

125

為、作業前後の準備・後片付け、作業に伴う行為などを行っている場合

②**事業主の支配下にあり、かつ、管理下にあるが、業務に従事していない場合**

　休憩時間、始業前、終業後の事業場内での自由行動が許されている場合

③**事業主の支配下にあるが、管理下を離れて業務に従事している場合**

　出張・外出中その他、事業場外で業務に従事している場合

そして、業務遂行性が認められる負傷等については、それぞれの類型について、概ね次のような場合に業務起因性が否定されます。

①業務逸脱行為、私的事由（私用等の私的行為、自己又は他人の故意）、天災地変等の自然現象、外的要因による場合

②事業場の施設の不備や欠陥によるものではなく、私的行為による場合（業務との関連性がある負傷等、生理的行為、移動行為など、労働時間中であれば業務起因性が認められるものは除く）

③積極的な私的行為による場合

なお、上記の判断過程は、必ずしもすべての事案に当てはまるものではなく、多数の判断を迅速かつ公平に行うための定式化に過ぎません。労働者が事業主の支配ないし管理下にあることに伴う危険が現実化したものと経験則上認められるか否かという視点から個別具体的に判断されます。

2　在宅勤務中の転倒

では、在宅勤務の場合はどうでしょうか。

例えば、就業時間中に物を取ろうとして椅子から転げ落ちた場合、トイレに行こうとして転倒した場合、水を飲もうとして転倒した場合などは、業務行為若しくはそれに伴う行為として業務遂行性が認められ（業務遂行性の類型①）、業務逸脱行為、私用等の私的行為、自己又は他人

の故意、天災地変等の自然現象、外的要因によるものでない場合は業務上災害として扱われます。例えば、休憩の申告もなく、仕事を抜けて私的な作業をしていた場合や、子供の世話をしていた場合などは業務起因性が否定されることになります。

　休憩時間中である場合（業務遂行性の類型②）には、業務遂行中に該当するとしても、夕食の準備をするなど業務と関連性がない私的行為によるものであれば業務起因性が否定されるでしょう。トイレや資料の整理中など、業務と関連性があるといえれば、業務起因性が認められます。

　在宅勤務は就業場所が自宅であることから、自宅へ出社したと考えれば、自宅内の転倒等が労災になることは理解できるでしょう。考え方自体は、出社勤務も在宅勤務も同じです。ただ、在宅勤務は中抜けが生じやすく、私的行為と業務との区別が難しい場合も多いため、労災となるか否かの判断が微妙な場合も少なくありません。いつどのようなことが原因で負傷等をしたのか使用者はわからず、労災申請に関して労使で意見が異なることが予想されます。在宅勤務中であっても、労災認定される可能性が高いと考え、在宅勤務であることだけを理由に否定することのないようにしてください。

労働災害②

> **Q 34** 床に座ってパソコン作業をしていたために腰痛を発症した場合、労災になるでしょうか。

答 　可能性としては低いものの、不適切な作業環境でテレワークを実施した場合、業務起因性が認められる（労災認定される）可能性はゼロではないでしょう。低いテーブルで作業するなど不自然な態勢で作業することのないよう労働者に注意喚起するようにしてください。

1　腰痛の業務起因性

　業務災害は、業務と負傷等との間に相当因果関係（業務起因性）がある負傷等のことをいい、「労働者が事業主の支配ないし管理下にあることに伴う危険が現実化したものと経験則上認められる場合」に、業務起因性が認められます（業務起因性に関しては**Q33**を参照）。業務起因性は、因果関係の判断であり、「業務に従事していなかったら負傷等は生じていなかった」という条件関係がなければ、そもそも業務起因性は認められません。例えば、無症状のヘルニアを有しており、日常動作で発症してもおかしくないような労働者が、たまたま何らかの拍子に発症したに過ぎない場合には、たまたま発症が業務中であったに過ぎず、業務起因性は認められません（**Q33第1項**の業務遂行性が認められる類型①に該当するが、私的事由によるものとして業務起因性が認められないということになります。）。

　階段から転落する、鉄パイプの下敷きになる等、急激な力が腰部に加わったことが原因となる災害性腰痛（既往症・基礎疾患を著しく悪化させた場合を含む）であれば比較的容易に業務起因性が判断できますが、

そうではない場合の非災害性腰痛は、業務に限らず、日常生活や私的活動、加齢変性などが共働して発症することが多く、業務起因性がしばしば問題になります。

2 非災害性腰痛

非災害性腰痛については、「重量物を取り扱う業務等腰部に過度の負担のかかる業務に従事する労働者に腰痛が発症した場合で当該労働者の作業態様、従事期間及び身体的条件からみて、当該腰痛が業務に起因して発症したものと認められ、かつ、医学上療養を必要とするものについては、労基則別表第1の2の第3号2に該当する疾病として取り扱う。」（「業務上腰痛の認定基準等について」（厚労省昭51.10.16基発750号））とされており、作業態様や従事期間、身体的条件などを踏まえ業務起因性が判断されます。そして、「長時間にわたって腰部の伸展を行うことのできない同一作業姿勢を持続して行う業務」が腰部に負担のかかる業務の1つとされ、約3か月以上継続する場合に業務起因性が認められる可能性があることとされています。

例えば、長距離トラックの運転業務、下肢全体に無理な姿勢を長時間保持する姿勢で行う電線作業を長期間に渡って行っていた外線作業員、約23年に渡り、中腰等の不自然な姿勢を取りつつ、足場の悪い場所で重量物を多数運搬していた港湾荷役作業員、長期間に渡り、一般家屋の土間や壁、風呂場等の左官作業を行ってきた左官職人などで業務起因性が認められています。

3 テレワーク中の腰痛

デスクワーク自体は、椅子に座って長時間作業を行うものの、無理な態勢となることは少ないでしょうし、休憩やトイレ、コピー機利用、書類の提出、打合せなど適宜腰部の伸展を行うことから、腰部に負担のか

かる業務とはいえず、業務起因性が認められることは少ないでしょう。

　もっとも、特に在宅勤務ですが、床に座って足の上にPCを置いて作業するなど不自然な姿勢で長時間作業する可能性があります。何ら使用者が指導することもなく、作業環境が整えられていない中でテレワークを実施した場合には、「長時間にわたって腰部の伸展を行うことのできない同一作業姿勢を持続して行う業務」とされる可能性もあることから、労働者に適切な作業環境について周知するようにしてください。

　なお、「テレワークの適切な導入及び実施の推進のためのガイドライン」（厚労省令３.３.25公表）には、別紙で「自宅等においてテレワークを行う際の作業環境を確認するためのチェックリスト」が用意されていますので、これを利用して確認するとよいでしょう（別紙１：事業者用、別紙２：労働者用。**188頁以下参照**）。

労働災害 ③

Q 35 在宅勤務中に地震が発生し、従業員が倒れた食器棚の下敷きになった場合、労災になるのでしょうか。

答　基本的に、在宅勤務中の場合にも、地震によって食器棚が倒れてくるという危険な環境下で仕事をしていたといえるため、私的行為をしていた場合でなければ労災にあたるといえます。

1　天災地変と業務起因性

業務災害は、業務と負傷等との間に相当因果関係（業務起因性）がある負傷等のことをいい、「労働者が事業主の支配ないし管理下にあることに伴う危険が現実化したものと経験則上認められる場合」に、業務起因性が認められます（業務起因性に関しては**Q33**を参照）。

暴風雨、水害、地震、土砂崩れ、津波などの天災地変によって生じる負傷等は、一般には業務や事業場施設とは直接関係なく発生するものであり、基本的には業務遂行中に発生したものであっても、業務起因性を否定されるべきといえます。

もっとも、業務の性質や内容、作業場所・環境、事業場施設の状況などを踏まえ、天災地変によって負傷等する可能性が高い場合などには、事業主の支配ないし管理下にあることに伴う危険が現実化したものと経験則上認められるといえます。

火山の噴火によって、ロープウェイの補強工事中の作業員や近くで客待ちをしていたタクシー運転手が死亡した事案において、噴火等による危険性の高い場所で業務に従事していたことに起因するものであるとして業務起因性を認めているなど、実際には、作業場所・環境が危険性を内在していることが多く、天災地変の場合であっても労災認定されるこ

とが多いでしょう。

　なお、東北地方太平洋沖地震は、これまで経験がない規模の津波を伴う災害であったことから、業務とは無関係であるとも考えられましたが、基本的には業務災害も通勤災害も認められています。

2　在宅勤務中の天災地変

　天災地変に関する業務起因性の判断は、東北地方太平洋沖地震の際の取り扱いが参考になりますので、いくつかご紹介しておきます[1]。

（1）仕事中に地震や津波に遭遇して、負傷等した場合

　通常、業務災害として労災保険給付を受けることができるとされています。これは、地震によって建物が倒壊したり、津波にのみ込まれるという危険な環境下で仕事をしていたと認められるからだとされています。そして、仕事以外の私的な行為をしていた場合を除くために「通常」としていると説明されています。

　このことからすれば、在宅勤務中の場合にも、地震によって食器棚が倒れてくるという危険な環境下で仕事をしていたといえるため、業務起因性が認められるといえます。

（2）仕事中に地震に遭遇し、会社のある地域に避難指示が出たので避難している最中に津波によりケガをした（死亡した）場合

　仕事中に地震があり避難することは、仕事に付随する行為となるとし、津波に限らず、避難行為中にケガをした場合は、通常、業務災害として労災保険給付が受けられるとしています。基本的な考え方は（1）と同じです。

　このことからすれば、在宅勤務中の場合も、避難することは仕事に付

---

(1)　「東北地方太平洋沖地震と労災保険Q&A」（厚労省ウェブサイト）
　　https://www.mhlw.go.jp/stf/houdou/2r985200000169r3.html

随する行為として、避難行為中の負傷等は、業務起因性が認められる可能性があります。なお、出社勤務と異なり、在宅勤務の場合には、自宅から避難することは業務に付随する行為とはいえないとも考えられますが、避難せず被災すれば労災となり、避難すれば労災とならないというのはバランスを失することから、避難する場合も業務起因性が認められるものと考えます。

（3）休憩時間中に地震や津波に遭って負傷した場合

　休憩時間中でも事業場の管理する施設（会社の建物の中など）にいる時に、地震や津波があり、建物が倒壊したり押し流されたりして被災した場合には、仕事中と同じ考え方（1）で業務上の災害として労災保険給付が受けられるとしています。

安全衛生管理 ①

Q 36 弊社の社員Ａから、在宅勤務で使っている机や椅子は家庭用のものなので、長時間座っていると腰が痛くなるとの申告がありました。業務用の机や椅子を購入してもらいたいということなのですが、会社としては応じなければなりませんか。

答　テレワーク環境の費用を労使のどちらが負担するかは法定されているものではなく、労使で話し合って決めることになります。テレワーク環境のうち、机や椅子は、労働者の転職後も利用できますし、私的利用も可能なものであることから、労働者の負担としても問題ないでしょう。もっとも、労働環境を適正に保つことは労働者のモチベーションや業務効率にも影響があるため、テレワーク環境整備のための一時金を支給することやテレワーク手当に含めて支給するなど、一定程度使用者が負担することが望ましいでしょう。

1　在宅勤務の環境

　ガイドライン[(1)]によれば、テレワークを行う作業場が、労働者の自宅など事業者が業務のために提供している作業場以外である場合には、事務所衛生基準規則（昭47年労働省令第43号）、安衛則及び「情報機器作業における労働衛生管理のためのガイドライン」（厚労省令元.7.12基発0712第３号）は一般には適用されないものの、これらの衛生基準と同等の作業環境となるよう、テレワークを行う労働者に教育・助言等を

---

(1)　「テレワークの適切な導入及び実施の推進のためのガイドライン」（厚労省令3.3.25公表。**173頁以下**）

行うものとされています。テレワーク導入の機会に、パソコンなどの情報機器を用いた作業環境で求められているものを確認してください。

【望ましい作業環境】

部屋	・設備の占める容積を除き、10m³以上の空間
室温等	・気流は0.5m/s以下で直接、継続してあたらない ・室温17〜28℃ ・湿度40〜70%
照明	・机上は照度300ルクス以上
窓	・窓などの換気設備を設ける ・ディスプレイに太陽光が入射する場合は、窓にブラインドやカーテンを設置
机	・必要な物が配置できる広さで脚が窮屈でない空間がある ・体型にあった高さ又は高さ調整が可能
椅子	・安定していて、簡単に移動できる ・座面の高さを調整できる ・傾きを調整できる背もたれがある ・ひじ掛けがある
PC	・ディスプレイ画面上は500ルクス以下で輝度やコントラストが調整できる ・キーボードとディスプレイは分離して位置調整可能 ・操作しやすいマウスを使う
その他	・椅子に深く腰かけ背もたれに背を十分あて、足裏全体が床に接した姿勢 ・ディスプレイと概ね40cm以上の視距離を確保 ・情報通信作業が過度に長時間にならないようにする

2 作業環境の整備に要する費用を労働者から求められた場合

作業環境の整備に要する費用を労使のどちらが負担すべきと決まっているわけではなく、就業規則などでルールを作ることが必要です（費用

負担に関しては**Q31**を参照)。

①情報通信機器の費用

　　セキュリティ面から会社が機器を貸与することが多く、会社負担とするのが合理的です。

②通信回線費用

　　Wi-Fiルーターなどのモバイル機器を会社が貸与する場合には、会社負担とすることが多いでしょう。自宅などのブロードバンド回線を利用する場合には、回線工事費を労働者負担とし、通信料金について一定額を補助することが考えられます。

③文具、備品、宅配便等の費用

　　事前に配布し、臨時で立て替えた場合には精算することが考えられます。

④水道光熱費

　　個人的な利用と区別がつかないことが多いでしょうから、労働者負担とすることが考えられます。

⑤作業環境の整備費用

　では、机などの作業環境に関する費用は労使のどちらが負担することが望ましいでしょうか。

　結論としては、テレワーク環境は、転職後の利用や私的利用できるものですし、価格帯や労働者の自宅の広さなどに応じた大きさなど千差万別であることから、テレワーク環境整備費補助として一時金を支給することが望ましいといえます。環境整備費を含めたテレワーク手当を支給することも考えられます。労働者負担としても問題ないですが、労働者にとっては、これまで必要がなかった出費となることから、モチベーション低下につながる可能性もあることから、十分に説明、協議のうえ納得を得ることは必要でしょう。

安全衛生管理 ②

Q37 テレワーク就業者にもストレスチェック（安衛法66条の10）を受けさせなければなりませんか。

答 テレワーク就業者も労働者に変わりはないことから、ストレスチェックを実施しなければなりません。

1　ストレスチェック制度

　安衛法が改正され（平成27年（2015年）12月1日施行）、常時50人以上の労働者を使用する事業主は、心理的な負担等を把握するための検査等を1年に1回、定期に労働者に対して実施しなければなりません（安衛法66条の10、ストレスチェック制度）。

　そして、テレワーク就業者であっても、労働者であることには変わりはなく、ストレスチェックを実施しなければなりません。

2　ストレスチェック制度の手順

　ストレスチェック制度の手順は次のとおりとされています[1]。

（1）基本方針の表明

　事業者は、法、規則及び指針に基づき、ストレスチェック制度に関する基本方針を表明する。

---

[1]　心理的な負担の程度を把握するための検査及び面接指導の実施並びに面接指導結果に基づき事業者が講ずべき措置に関する指針（厚労省平27.4.15策定　最終改正：平30.8.22）

（2）ストレスチェック及び面接指導

①衛生委員会等において、ストレスチェック制度の実施方法等について調査審議を行い、ストレスチェック制度の実施方法等を規定として定める。

②医師等によるストレスチェックを実施する。

③実施者等からストレスチェックの結果を直接本人に通知させる。

④高ストレス者として選定され、面接指導を受ける必要があると実施者が認めた労働者の申出に応じて、医師による面接指導を実施する。

⑤面接指導を実施した医師から、就業上の措置に関する意見を聴取する。

⑥医師の意見を勘案し、必要に応じて、適切な措置を講じる。

（3）集団ごとの集計・分析

①事業者は、実施者に、ストレスチェック結果を一定規模の集団ごとに集計・分析させる。

②事業者は、集団ごとの集計・分析の結果を勘案し、必要に応じて、適切な措置を講じる。

3　テレワークにおける配慮

　厚労省が推奨するストレスチェックの「職業性ストレス簡易調査票（57項目）」は、テレワークが普及する以前から公表されているものです。テレワークにおいては、上司や同僚、部下とのコミュニケーションがうまくとれないなど心理的な負担が生じやすいことから、テレワークに関する調査事項を追加することを検討してもよいでしょう。

　また、テレワーク実施者は、出社する機会がないか若しくは不定期であることから、原則として自宅へ送付するなど通知方法にも配慮することが考えられます。ストレスチェックの結果は本人に通知することとされ、同意なく事業者に通知することはできません。

　事業者は、当該検査を実施した医師等に、一定規模の集団ごとに集計させ、その結果について分析させるように努めることとされていますが（安衛則52条の14第1項）、テレワーク実施者が少数の場合には、テレワーク実施者を集団として集計・分析することには、個人が特定される可能性があるため注意してください。

　なお、ストレスチェック以外にも、雇入時の安全衛生教育の実施や雇入時及び定期の健康診断、その結果に基づく事後措置、長時間労働者に対する面接指導等の健康管理措置を講じることも必要です。

安全配慮義務

> **Q**
> **38**
> テレワーク中に精神疾患に罹患した従業員がいます。どうも、無許可で長時間労働を行っていた可能性があるのですが、会社が責任を問われる可能性はあるでしょうか。

答　業務起因性が認められる精神疾患であることが前提とはなりますが、使用者には労働時間を適正に把握する義務があり、仮に無許可残業等であったとしても、客観的に時間外労働の事実を推測できるような場合であれば、安全配慮義務違反による責任を問われる可能性が高いといえます。

1　精神疾患の業務起因性

　精神疾患も業務上の疾病として業務災害の対象となり[1]、その業務起因性の判断に関して、通達[2]（労災認定基準）が存在します。この通達によれば、対象となる精神疾患は、「国際疾病分類第10回修正版（以下「ICD-10」という。）第Ⅴ章「精神および行動の障害」に分類される精神障害であって、器質性のもの及び有害物質に起因するものを除く。対象疾病のうち業務に関連して発病する可能性のある精神障害は、主としてICD-10のF2からF4に分類される精神障害である。[3]」とされています。代表的なものは、躁病・双極性感情障害（躁うつ病）などです。そして、業務による出来事に応じて心理的負荷の程度を分類し業務起因性

---

(1)　「人の生命にかかわる事故への遭遇その他心理的に過度の負担を与える事象を伴う業務による精神及び行動の障害又はこれに付随する疾病」（労基法75条2項、労基則35条、同別表1の2第9号）

(2)　「心理的負荷による精神障害の認定基準について」（厚労省平23.12.26基発1226第1号　最終改正：令2.5.29基発0529第1号）

(3)　統合失調症、統合失調症型障害及び妄想性障害（F2）、気分［感情］障害、神経症性障害（F3）、ストレス関連障害及び身体表現性障害（F4）

の判断を行うこととされ、時間外労働時間数（週40時間を超える労働時間）が重要な指標とされています。

　例えば、時間外労働が、発病日から起算した直前の1か月間におおむね160時間を超える場合や発病日から起算した直前の2か月間に1月当たりおおむね120時間以上の長時間労働を行い、その業務内容が通常その程度の労働時間を要するものであった場合、恒常的な長時間労働（月100時間程度となる時間外労働）がある場合には、業務起因性が認められる可能性が極めて高くなります。

2　無許可残業等の労働時間性

　事前許可制を採用していた場合において、無許可で事後申告もなかったとしても、当然に労働時間性が否定されるわけではありません。仮に、労働者から事前の許可申請もなく、事後的にも申告がないとしても、当該労働者からメールが送信されていたり、時間外等に労働しなければ生み出し得ないような成果物が提出されたりしている等、時間外等に労働を行ったことが客観的に推測できるような事実から、使用者が時間外等の労働を知り得る場合には、労働時間に該当します（時間外労働等の事前許可制に関しては、**Q24**を参照）。

3　民事損害賠償責任

　不法行為や債務不履行責任などに基づく民事上の損害賠償責任には、使用者の故意又は過失、安全配慮義務違反があり、これと相当因果関係が認められる損害が生じていることが必要です。業務起因性は、相当因果関係の判断の1つであることから、業務起因性が認められる場合には、通常、相当因果関係が認められます。そして、使用者には労働時間を適正に把握する義務があり、また、使用者は、労働者の生命身体等の安全に配慮する義務（安全配慮義務、労契法5条）を負っていますので、

長時間労働などの過重労働を把握することが可能であれば、使用者は業務を軽減するなどの措置を講ずる義務があります。これを怠れば、過失や安全配慮義務違反が認められ、民事上の損害賠償責任も負う可能性が高いといえます。

　テレワークでは、労働実態を把握することが難しい場合があるものの、今日では技術的に把握することが可能となっていることから、労働時間の把握は慎重に行うようにしてください。

第4章
セキュリティ・秘密漏洩

セキュリティ

Q 39 セキュリティ対策は、どのように進めればよいでしょうか。

答　基本的な視点としては、技術的なセキュリティ対策と、人的なセキュリティ対策の両面から対策を講じることが求められます。セキュリティ対策は多岐にわたりますし、企業規模などによって講じるべき内容も異なってきますので、「テレワークセキュリティガイドライン　第4版」（総務省平30.4）や「中小企業等担当者向け　テレワークセキュリティの手引き（チェックリスト）（初版)」（総務省令2.9.11 ver1.0）などを参考に、セキュリティ対策について理解をし、自社の規模などに応じた対策を行うことになります。

1　テレワークにおけるセキュリティ対策の基本的な視点

　テレワークでは、外部から会社のサーバーへアクセスすることや、データをモバイル機器に保存、記録媒体の持ち出し、事業所外で作業をすることなどにより、これまで社内で管理していた情報が外部へ流出する危険性が高くなります。マルウェア感染、不正アクセス、モバイル機器や記録媒体の紛失や盗難、通信情報の盗聴といった危険性です。

　テレワークで行う作業の内容や予算等によって、自社に適した方法を選択し、セキュリティ対策を講じたうえで、その仕組みやリスクについて労働者が理解できるように研修等で教育しつつ、ルールを定めて労働者に遵守させるというのが基本的な視点となります。いくら技術的なセキュリティ対策を施しても、労働者がリスクを理解せずルールを守らなければ、人的ミスにより情報漏洩などが発生してしまいますので、人的

リスクの回避が最も重要だといえるでしょう。

2　テレワークを実施する主な方式

（1）リモートデスクトップ方式

　オフィスのPC等のデスクトップをテレワークで利用するPCなどから遠隔操作する方法です。あくまでオフィスのPCを操作するだけなので、テレワークで利用するPCなどにデータが保存されないようにすることもできますので、情報漏洩のリスクは低くなるといえます。

（2）仮想デスクトップ方式

　オフィスのサーバーで仮想のデスクトップを提供し、この仮想デスクトップにテレワークで利用するPCなどからVPNなどを通してアクセスし操作する方法です。データがテレワークで利用するPCに保存されないことから情報漏洩等のリスクが低い方式といえます。仮想デスクトップを提供するVDIサーバなどが必要となるため、コストがかかる方式といえます。

（3）クラウド型アプリ方式

　オフィスのデスクトップや仮想デスクトップを利用するのではなく、クラウド型アプリサービスが提供するサーバーへアクセスする方法です。新たにサーバーを用意する必要もなく、設備を準備するコストはほとんどかからないものの、定額や従量課金などの利用料が必要になります。

（4）PC持ち帰り方式

　会社で使用しているPCを社外に持ち出し、VPN接続などの方法で社内のサーバーへアクセスする方法です。通常使用しているモバイルPCなどを持ち出すだけなので、容易に導入することが可能であり、現在、多くの企業で利用されている方式です。ただし、会社のPCをそのまま

持ち出すような方法なので、セキュリティ面でもっともリスクが高い方法といえるでしょう。

（5）方式の選択

「中小企業等担当者向け テレワークセキュリティの手引き（チェックリスト）初版」（総務省令2.9.11 ver1.0）に自社に適した方式を選定するフローチャートが用意されていますので、これを参考にするとよいでしょう。

3 セキュリティ対策

各社で採用する方式が決まれば、各方式に対応できるルール（基本方針や行動指針、情報持ち出しに関するルールなど）を策定します。そのうえで、労働者に対してルールを定めてガイドラインや指針、規程などを周知し、研修を実施するなどして啓発することが求められます。

技術的なセキュリティに関しては、前出の「テレワークセキュリティの手引き」に採用する方式に応じて詳細に記載されていますので参考になります。

なお、技術的なセキュリティ構築やルール作りは、システム管理者などの技術部門と連携をとって行うことが必要不可欠です。

情報漏洩 ①

Q 40 個人情報保護法が改正されましたが、どういった点が変わったのでしょうか。

答　平成27年（2015年）に改正された個人情報保護法では、3年ごとに見直すこととされており、この見直しにより、令和2年（2020年）6月12日、改正個人情報保護法が公布されました。保存期間が6か月以下の短期保存データも個人データとされ、個人データの範囲が広くなることや提供元では個人情報でないとしても、提供先で個人データとなることが想定される場合に、本人の同意が得られていること等の確認が義務づけられるなど、個人情報保護が強化される一方で、イノベーションを促進する観点から、氏名等を削除した「仮名加工情報」を創設し、内部分析に限定する等を条件に、開示・利用停止請求への対応等の義務が緩和されるなど、個人の権利利益の保護と個人データ利用のバランスを取るための改正がなされています。

1　個人情報保護法

　個人情報保護法は、個人情報取扱事業者に対して、個人情報、個人データ、保有個人データについて、取得方法、利用方法、管理方法、第三者提供の方法、本人からの問い合わせ対応などについて各種規制を施すことによって、個人情報の取扱いを規制する法律です。なお、国及び地方公共団体の責務等も定めていますが、誌面の都合上ここでは割愛します。

（1）個人情報とは

　生存する個人に関する情報であって、次の各号のいずれかに該当する

ものを個人情報といいます。

①当該情報に含まれる氏名、生年月日その他の記述等により特定の個
　人を識別することができるもの（他の情報と容易に照合することが
　でき、それにより特定の個人を識別することができることとなるも
　のを含む。）

②個人識別符号が含まれるもの

（2）個人情報データベース等

　特定の個人情報をコンピュータを用いて検索することができるように
体系的に構成した、個人情報を含む情報の集合物を個人情報データベー
ス等といいます。また、コンピュータを用いていない場合であっても、
紙面で処理した個人情報を一定の規則（例えば、五十音順等）に従って
整理・分類し、特定の個人情報を容易に検索することができるよう、目
次、索引、符号等を付し、他人によっても容易に検索可能な状態に置い
ているものも該当するとされています。

　なお、利用方法からみて個人の権利利益を害するおそれが少ないもの
として政令で定めるものは除かれます。

（3）個人データ

　個人情報データベース等を構成する個人情報を個人データといいます。

（4）個人情報取扱事業者

　個人情報データベース等を事業の用に供している者を個人情報取扱事
業者といいます。

（5）保有個人データ

　個人情報取扱事業者が、開示、内容の訂正、追加又は削除、利用の停
止、消去及び第三者への提供の停止を行うことのできる権限を有する個
人データを保有個人データといいます。

　なお、その存否が明らかになることにより公益その他の利益が害されるものとして政令で定めるものは除かれています。

（6）主な規制

　詳細は省略しますが、個人情報、個人データ、保有個人データについて、次のような規制がされています。

	個人情報	個人データ	保有個人データ
利用目的の特定・通知等	○	○	○
目的外利用の禁止	○	○	○
適正取得	○	○	○
安全管理措置		○	○
第三者提供の制限		○	○
事業者名等の公表			○
本人からの開示請求等			○

2　改正個人情報保護法

（1）主な改正点

- 　6か月以内に消去されるデータは「個人データ」に含まれないとされていましたが、改正により含まれることとなり、個人データの範囲が広くなります。
- 　保有個人データの開示方法について、電磁的記録の提供を含め、本人が指示できるようになります。
- 　保有個人データの利用停止、消去、第三者提供の停止の請求が、不正取得等の一部の法違反の場合に加え、個人の権利又は正当な利益が害されるおそれがある場合にも可能となります。

- 本人は、第三者提供記録の開示を請求できるようになります。
- 事業者の責務に関し、漏洩等が発生した場合の個人情報保護委員会への報告、本人への通知義務、不適正な方法による利用の禁止が追加されます。
- 認定団体制度について、現行制度に加え、企業の特定分野（部門）を対象とする団体を認定できるようになります。
- イノベーションを促進する観点から、氏名等を削除した「仮名加工情報」を創設し、内部分析に限定する等を条件に、開示・利用停止請求への対応等の義務が緩和されます。
- 提供元では個人情報でないとしても、提供先で個人データとなることが想定される場合に、本人の同意が得られていること等の確認が義務づけられます。
- 委員会による命令違反・委員会に対する虚偽報告等の法定刑が引き上げられます。
- データベース等不正提供罪、委員会による命令違反の罰金について、法人に対しては行為者よりも罰金刑の最高額が引き上げられます（1億円以下の罰金）。
- 日本国内にある者の個人情報を取り扱う外国事業者に対して、個人情報保護委員会は、罰則によって担保された報告徴収・命令権を行使できるようになります。

（2）改正法の施行日

　令和2年6月12日に改正個人情報保護法が公布され、第83条から第87条の法定刑の引上げについては、公布の日から起算して6月を経過した日（令和2年12月12日）から施行され、第23条第2項により個人データを第三者に提供しようとする際の経過措置については、公布の日から起算して1年6月を超えない範囲内（令和3年10月1日施行）、全面施行は公布の日から起算して2年を超えない範囲内において政令で定める日（令和4年4月1日）に施行されます。

情報漏洩 ②

Q41 テレワークはやはり、情報漏洩が心配です。万が一、情報漏洩が判明した場合、何をすればよいでしょうか。

答 マルウェア感染等、様々な理由により情報漏洩が発生するリスクは常にあり、万が一情報漏洩が発生した場合には、適切に対応することが求められます。まず、原因の究明、漏洩した情報の内容、漏洩の範囲を把握する必要があります。そして、漏洩したことを隠蔽することなく、取引先に公表する等、被害の拡大を最小限に抑えるよう努めるべきでしょう。また、再発防止策を講じることも忘れてはなりません。また、保有個人データが漏洩等した場合には、個人情報保護法やガイドラインに従った措置を講じる等の対応も必要になります。

1　情報漏洩の原因

　情報漏洩につながる脅威として、次のようなものがあります。

（1）マルウェア感染

　マルウェアとは、不正かつ有害な動作を行う意図で作成された悪意のあるソフトウェアや悪質なコードの総称のことをいい、コンピューターウィルスやワーム、トロイの木馬、スパイウェア、キーロガー、バックドアなど様々あります。パソコンの内部情報を外部に送信するスパイウェアやキーボード操作を外部に送信するキーロガーなどに感染すれば、即座に情報漏洩に繋がります。また、ネットワーク上に裏口を開き、悪意ある攻撃者の侵入を可能にするバックドアは、それ自体情報を漏洩させるものではないにしても、悪意ある侵入者の侵入を許し情報を盗み

出される可能性があります。マルウェア対策は、ウィルスソフトなどで
技術的に対応することも可能ですが、日々新しいマルウェアが生まれる
ことから、やはり、怪しいサイトを閲覧しない、怪しいメールを開封し
ないなど、人的な対策も重要です。

（2）不正アクセス

　不正アクセスとは、OSやアプリケーションソフトウェアなどに存在
するセキュリティの脆弱性につけ入り、アクセス権限がないにもかかわ
らず、社内サーバーへ侵入したり、他人のIDやパスワードを利用して
アクセスするといった行為のことをいいます。

　OSやソフトウェアを常に最新の状態に保つことや、IDやパスワード
を複雑にし、頻繁に変更することで、リスクを抑えることができます。

（3）端末やUSBなどの紛失や盗難

　万が一、端末の紛失や盗難が発生したとしても、テレワーク端末に
データを保存しない方式とすることでリスクを低減できます。また、パ
スワードロックのかかるUSBを利用することでUSBの紛失盗難による
リスクを低減できます。もっとも、一番重要なのは、テレワーク端末な
どから離れない、テレワーク端末などに複雑なパスワードを設定し容易
にログインできない状態にするといった、人的な対策でしょう。

（4）情報の盗聴

　在宅勤務中に家族に覗かれる、カフェやサテライトオフィスにおいて
作業中に後ろから覗き見られるといったことで簡単に情報が外に漏れて
しまいます。また、web会議のURLを不正に取得し、秘密裏に参加し
て盗聴する、公衆のWi-Fiスポットから接続した場合に無線経由で通信
内容を盗聴され、結果、IDやパスワードを盗まれるといったことも起
こり得ます。テレワーク実施者が、覗き見られるような環境で作業をし
ないことや、公衆の無線アクセスポイントを利用しないことなどを徹底

すれば基本的に防止できます。

2　情報漏洩時の対応

　万が一、情報漏洩が生じた場合には、まず、原因と流出した情報の内容や範囲を正確に把握することが大切です。仮に、取引情報や機密情報が漏洩した場合には、損害賠償責任だけでなく、企業の信用をも失墜させて事業運営に大きなダメージを生じさせかねません。だからといって、隠蔽すると、情報が拡散するなど損害を拡大させるおそれがあり、信用を低下させることにもなります。迅速に情報漏洩の原因を特定し、漏洩した情報の内容や漏洩の範囲を把握して、被害を最小限に抑えるためにも漏洩した情報に関係する取引先などへは公表すべきでしょう。

3　個人情報保護法上の対応[(1)]

　個人情報保護法では、個人情報取扱事業者が保有する個人データの漏洩、滅失や毀損、加工方法等情報の漏洩が発生した場合には、次の措置を講じなければならないとされています。
　①事業場内部における報告及び被害の拡大防止措置
　②事実関係の調査及び原因の究明に必要な措置
　③影響の範囲の特定
　④再発防止策の検討及び実施
　⑤影響を受ける可能性のある本人への連絡等
　⑥事実関係及び再発防止策等の公表
　また、個人情報保護委員会等に対して、漏洩等の事実関係及び再発防止策について速やかに報告するように努めることとされています。

---

(1)　「個人データの漏えい等の事案が発生した場合等の対応について」（平29個人情報保護委員会告示第1号。**196頁以下**）、「個人情報の保護に関する法律についてのガイドライン」及び「個人データの漏えい等の事案が発生した場合等の対応について」に関するQ&A（個人情報保護委員会平29.2.16、更新：令元.6.7。**199頁以下**）

電子署名・電子契約

Q 42 テレワーク導入を機に、ペーパーレス化を実現したいと思っています。電子署名について教えてください。

答　「電子署名」とは、電磁的記録（電子的方式、磁気的方式その他人の知覚によっては認識することができない方式で作られる記録であって、電子計算機による情報処理の用に供されるものをいう。以下同じ。）に記録することができる情報について行われる措置であって、次の要件を満たすものをいいます（電子署名法２条）。

　①当該情報が当該措置を行った者の作成に係るものであることを示すためのものであること。

　②当該情報について改変が行われていないかどうかを確認することができるものであること。

　そして、電子署名を行うために必要な符号及び物件を適正に管理することにより、本人だけが行うこととなる電子署名があれば、本人の意思に基づいて作成された電磁的記録であることが推定されることとなります（電子署名法３条）。

1　押印の意味

せっかく、テレワークを導入したにもかかわらず、決済印や契約書印を押すためだけに出社しなければならない、決済印や契約書印をもらうことができず業務が進まないといったことが生じているといわれています。

なぜ、文書へ署名や押印をしているのでしょうか。

民法522条は、**次頁**の枠内のように規定されており、契約の成立には申込と承諾の意思表示が合致すれば足り、原則として、書面その他の方

式を要求していません。押印がなくても契約は成立することになります。

> ①契約は、契約内容を示してその締結を申し入れる**意思表示**（以下、「**申込み**」という。）に対して相手方が**承諾**した時に成立する。
> ②契約の成立には、法令の特別の定めがある場合を除き、**書面の作成その他の方式を具備することを要しない。**

　もっとも、口頭だけであれば、本当に決裁権限がある人物が申込み若しくは承諾を行ったのか否かといった、契約成立の確証がなく、取引が不安定になります。

　また、民訴法228条4項は、「私文書は、本人又はその代理人の署名又は押印があるときは、真正に成立したものと推定する。」と規定しており、本人の署名や本人の意思に基づく押印があれば、本人の意思に基づいて作成された文書だと推定されます。そして、印影と本人の印章が一致すれば、その印影は作成名義人の意思に基づいて押印されたものと推定されます。

　すなわち、本人の印章と文書の印影が一致すれば、本人の意思に基づいて押印されたことが推定され、更には、民訴法228条4項によって、本人の意思に基づいて作成された文書だと推定されることになります。これを「二段の推定」と呼びます（最三小判昭39.5.12民集18巻4号597頁）。

　本人の署名や押印があることによって、訴訟で争いになっても、本人の意思にもとづいて作成された文書だと推定されることから、本人の署名や押印には大きな意味があるといえます。

2　電子署名

　署名、押印の代わりに、本人の意思によって作成されたものかを担保する方法があれば、署名押印は不要になる可能性があるところ、電子署

名及び認証業務に関する法律（電子署名法）が制定され、電子署名にも民訴法228条4項と同様の効果が認められています。

　まず、電子署名法2条で、「電子署名」を次のように定義しています。

　この法律において「電子署名」とは、電磁的記録（電子的方式、磁気的方式その他人の知覚によっては認識することができない方式で作られる記録であって、電子計算機による情報処理の用に供されるものをいう。以下同じ。）に記録することができる情報について行われる措置であって、次の要件のいずれにも該当するものをいう。
一　当該情報が当該措置を行った者の作成に係るものであることを示すためのものであること。
二　当該情報について改変が行われていないかどうかを確認することができるものであること。

　そのうえで、電子署名法3条は、次のように推定規定を置いています。

　電磁的記録であって情報を表すために作成されたもの（公務員が職務上作成したものを除く。）は、当該電磁的記録に記録された情報について本人による電子署名（これを行うために必要な符号及び物件を適正に管理することにより、本人だけが行うことができることとなるものに限る。）が行われているときは、真正に成立したものと推定する。

　電子署名を行うために必要な符号及び物件を適正に管理することにより、本人だけが行うこととなる電子署名（電子署名法2条の電子署名）があれば、本人の意思に基づいて作成された電磁的記録であることが推定されることになります（電子署名法3条の推定が及ぶ電子署名）。
　電子署名法3条の推定が及ぶ電子署名に該当するかに関して問題になるのが、昨今、多くの事業者がサービスを提供している、いわゆる立会人型の電子署名サービス（利用者の指示に基づきサービス提供事業者自身の署名鍵により暗号化等を行う電子契約サービス）です。

　この点、電子署名に該当しうるとされたうえで[(1)]、①利用者とサービス提供事業者の間で行われるプロセス及び②①における利用者の行為を受けてサービス提供事業者内部で行われるプロセスのいずれにおいても十分な水準の固有性が満たされている場合に、立会人型の電子署名の場合も電子署名法３条の推定が及ぶものとされています[(2)]。

　もっとも、立会人型の電子署名サービスの全てに電子署名法３条の推定が及ぶというわけではなく、個別具体的にサービス内容を慎重に確認する必要がありますので注意が必要です。

---

(1)　「利用者の指示に基づきサービス提供事業者自身の署名鍵により暗号化等を行う電子契約サービスに関するQ&A」（総務省・法務省・経産省令2.7.17。**203頁以下**）
(2)　「利用者の指示に基づきサービス提供事業者自身の署名鍵により暗号化等を行う電子契約サービスに関するQ&A（電子署名法第３条関係）」（総務省・法務省・経産省令2.9.4。**205頁以下**）

第5章
その他

損害賠償責任

Q 43 弊社の営業社員Ａは、在宅勤務の日にはＡ所有の自家用車で得意先回りをしています。Ａは、その所有する自動車を運転してお得意様回りをしている最中に、Ｂさんの自転車と接触事故を起こしてしまいました。Ｂさんから弊社も使用者としての責任を問われています。Ｂさんの請求に応じなければならないでしょうか。

答 　労働者が業務を執行するにあたって第三者に損害を生じさせた場合には、使用者が賠償する責任を負います（使用者責任）。本件でも基本的には会社が使用者責任を負うことになります。もっとも、会社が自家用車の利用を明確に禁止していた場合や、在宅勤務中の外回りを禁止していた場合には、使用者責任が否定される可能性があります。そこで、自家用車の利用を禁止しているのであれば、禁止事項は、就業規則に規定するなど明確にしておくべきです。在宅勤務においては、普段利用できていた社用車が利用できず、労働者が会社に内緒で自家用車を使って営業活動を行う可能性がありますので注意してください。

1　使用者責任

　民法715条１項では、「ある事業のために他人を使用する者は、被用者がその事業の執行について第三者に加えた損害を賠償する責任を負う。ただし、使用者が被用者の選任及びその事業の監督について相当の注意をしたとき、又は相当の注意をしても損害が生ずべきであったときは、この限りでない。」と規定し、使用者に損害賠償責任を認めています。これを使用者責任と呼びます。

2 「事業のために他人を使用する者」

　「事業のために他人を使用する者」（民法715条1項）とは、雇用関係までは必要ではなく、実質的に見て使用者が被用者を指揮監督するという関係があれば足りると考えられています（最判昭42.11.9民集21巻9号2336頁）。

3 「事業の執行について」

　「事業の執行について」（民法715条1項）とは、「被用者の職務執行行為そのものには属さないが、その行為の外形から観察して、あたかも被用者の職務の範囲内の行為に属するものとみられる場合を包含するものと解するべき」であるとされています（「外形標準説」、最三小判昭32.7.16民集11巻7号1254頁など）。もっとも、外形的に職務の範囲内の行為に属するものと認められるとしても、職務の範囲内において適法に行われたものではないことについて、被害者が悪意または重過失の場合には使用者責任が否定されます（最一小判昭42.11.2民集21巻9号2278頁）。

　なお、取引的不法行為に限らず、交通事故といった事実的不法行為でも使用者責任は認められています。判例は、従業員が私用のために会社が所有する自動車を運転して事故を起こした場合や、出張中に自家用車を運転していて事故を起こした場合において、外形から客観的にみて職務の範囲か否かを判断しています。また、喧嘩のような事案では、使用者の事業の執行行為を契機として、これと密接な関連を有すると認められる行為か否かによって判断しているものがあります。

4 ただし書き

　被用者の選任及びその事業の監督について相当の注意をしたとき、又

は相当の注意をしても損害が生ずべきであったときは、使用者は責任を免れます。

5　本件について

　Aさんは会社の従業員であり、営業社員が営業で得意先を回っている際に起こした事故であることから、外形から客観的に見て業務の執行中に起こした事故であるといえ、会社は使用者責任を負うことになります。

　では、営業活動にあたっては、会社所有の車両に限って使用することが許されており、自家用車の利用が禁止されていた場合はどうでしょうか。また、在宅勤務中は、得意先回り自体を禁止している場合もあるでしょう。

　この点、明確に自家用車の使用を禁止していた場合や、在宅勤務で外回りを禁止していた場合において、許可なく自家用車で得意先回りをしていたというのであれば、ただし書に該当するとして使用者責任が否定される可能性があります。

　自家用車の業務使用や、在宅勤務で外回りを禁止していたとしても、従業員が自家用車を業務使用していることなどを黙認していた場合には、ただし書きには該当しませんので、発見した場合には注意指導を行うようにしてください。

　なお、会社は、自家用車の業務使用を認めていた場合や、黙認していたという場合などでは、民法715条の使用者責任だけでなく、自賠法3条の「運行供用者」として損害賠償責任を負う可能性があります。

テレワークに関する相談先

Q 44 色々と情報が氾濫しており、どこを見ればよいのか分かりません。テレワークの導入について相談できる機関等があったら教えてください。

答 　内閣官房IT室がテレワーク推進に関する目標を設定し、目標達成に向けて、総務省や厚労省がテレワーク実施に関するガイドラインを作成したうえで、関係府省が普及促進のための施策を実施しています。関係府省の中でも、厚労省と総務省が運営する総合情報サイトが充実しており、それぞれ相談窓口を設けています。

1　テレワーク促進等の現状

　テレワークは、働き方改革や地方創生を実現する手段として注目され、普及促進が進められてきました。令和元年6月14日に閣議決定された「世界最先端デジタル国家創造宣言・官民データ活用推進基本計画」においては、令和2年（2020年）までにテレワーク導入企業を平成24年（2012年）度比で3倍、雇用型テレワーカーの割合を平成28年（2016年）度比で2倍にするということが目標とされたものの、令和元年（2019年）時点で目標には遠く及ばない状況であったところ、新型コロナウィルスの流行により、図らずも目標が達成された形となりました。今後は、これを一過性のものとすることなく、関係府省（内閣府、内閣官房、総務省、厚労省、経産省、国交省）が連携して更なる普及促進を推し進めることとなっています。

2　関係府省によるテレワークの普及促進

　内閣官房IT室がテレワーク推進に関する目標を設定し、目標達成に向けて、総務省や厚労省がテレワーク実施に関するガイドラインを作成したうえで、関係府省が普及促進のための施策を実施しています。関係府省が連携するといっても、それぞれがwebサイトなどで似たような情報を発信しており混乱を招いている状況といえます。ここでは、必要かつ十分な情報提供等を行っている厚労省と総務省についてご紹介しておきます。

（1）厚労省による普及促進

　厚労省は、テレワークガイドライン[1]やテレワークモデル就業規則を作成し、テレワークの導入や推進に関する企業の相談窓口となる「テレワーク相談センター」[2]の委託運営、セミナーやイベントの開催、テレワークに関する情報を総合的に提供するための「テレワーク総合ポータルサイト」[3]を開設するなどして、テレワークの普及促進を行っています。また、働き方改革推進支援助成金を設けるなど、テレワーク導入経費の補助も行っています。

　「テレワーク総合ポータルサイト」は、テレワーク導入に必要な情報や資料がわかりやすくまとめられています。また、導入事例も多数掲載されていますので、同規模、同業種の企業の導入事例を参考にすることもできます。「テレワーク相談センター」では、相談を受け付けるだけでなく、オンラインによる労務管理のコンサルティングまで行っています。

　なお、自営型テレワーカー向けに「HOME WORKERS WEB[4]」というwebサイトも開設されています。

---

[1]　「テレワークの適切な導入及び実施の推進のためのガイドライン」（厚労省令3.3.25公表。**173頁以下**）

[2]　https://www.tw-sodan.jp/

[3]　https://telework.mhlw.go.jp/

[4]　https://homeworkers.mhlw.go.jp/

（2）総務省による普及促進

　総務省は、テレワークセキュリティガイドライン[5]を作成し、テレワーク全般に関する情報提供・相談、導入に向けての支援等を行う「テレワークマネージャー相談事業（旧事業名：テレワークマネージャー派遣事業)[6]」を運営、相談対応や専門家による相談会・セミナーを実施する「テレワーク・サポートネットワーク[7]」の運営、テレワークのセキュリティに関する相談対応を行う「テレワークのセキュリティあんしん無料相談窓口[8]」の委託運営、テレワークに関する総合情報サイトである「Telework Net[9]」を開設するなどして、テレワークの普及促進を行っています。

　「テレワークマネージャー相談事業」は、総務省からテレワークの専門家と認定されたテレワークマネージャーが、電話やweb会議、現地派遣によりコンサルティングを行うものです。「テレワークサポートネットワーク」は、全国各地に相談窓口を設け、相談対応、セミナーや相談会の実施などを行っています。「Telework Net」は、テレワークに関する情報提供を行うwebサイトです。厚労省の「テレワーク総合ポータルサイト」と比較すると、情報量が少ないものの、導入事例が業種・企業規模などによる条件検索が可能となっています。

---

(5)　「テレワークセキュリティガイドライン　第4版」（総務省平30.4）

(6)　https://teleworkmanager.go.jp/

(7)　https://www.teleworksupport.go.jp/

(8)　https://www.lac.co.jp/telework/security.html

(9)　https://telework.soumu.go.jp/

人事評価

> ## Q 45
> テレワーク実施者に対する賃金制度の在り方について教えてください。

答　テレワークは成果で評価することに馴染む働き方だというイメージにつられ、テレワーク導入を機に成果主義型賃金制度を導入することになると考えてしまうかもしれませんが、そうではありません。これまでも成果を考慮要素としているのであれば、賃金制度を変更するのではなく、これまで曖昧だった成果評価をできるだけ客観的に行うことで対応できる企業も少なくないと思われます。

　まずは、自社がどういった賃金制度を採用し、どういった事柄を考慮して賃金を決定しているのか確認のうえ、賃金制度の変更になるのかどうか確認する必要があります。そして、賃金制度や人事評価制度の変更になる場合には、就業規則の変更等の対応が必要でしょう。

1　賃金制度

(1) 年齢給・勤続給制度

　年齢給・勤続給制度とは、年齢や勤続年数に応じて賃金や処遇が上昇していく制度のことです。新卒者を大量採用したうえで、教育訓練して育てる長期雇用システムを前提に、年齢や家族構成に応じた生計に必要な費用を満たそうとする賃金制度です。未経験の新入社員が、勤続年数を重ね経験を積むことで能力が向上し、そうしているうちに家族が増え生活費も増えていくことから、企業が労働者の生活を保障しつつ、定年まで働き続けてもらおうという仕組みです。高度成長期を中心に広まっ

た制度です。

（2）職能給・職能資格制度

　職能給・職能資格制度とは、一般的に、企業における職務遂行能力に応じて大きく職掌に応じた分類（職能資格）に分け、更にその中でランク（級）をつけて序列化したうえで賃金や処遇を決定する制度のことをいいます。労働者の意欲、能率、成績など、年齢や勤続年数では考慮されない要素を賃金へ反映させようとした制度です。例えば、指揮命令系統に応じた役職の序列に応じて職能資格を設定し（部長、課長、係長など）、その職能資格の中で適用できるレベル（級）を設定することが多く行われています。この制度では、同じ勤続年数の部長であっても賃金に差が生まれることがありますし、レベル（級）の設定の仕方によっては、部長よりも課長の賃金の方が高いということもあり得るわけです。

（3）職務等級制度（ジョブ・グレード制）

　職務等級制度とは、ジョブ・グレード制とも呼ばれ、一般的に、企業内の職務（ジョブ）を難易度、責任の内容や重さなどに応じて等級（グレード）に分け、更に各等級の中で給与幅（レンジ）を設定することで、成果などを踏まえて賃金や処遇を決定する制度のことをいいます。職能資格制度が、労働者の能力に応じた制度だとすると、職務等級制度（ジョブ・グレード制）は、労働者の仕事内容に着目した制度です。同じ等級（グレード）であっても、給与幅（レンジ）が大きければ、成績によって賃金に差を設けることが可能となる制度です。通常、配置転換によって職務（ジョブ）が変更になれば、これに連動して賃金も変動します。

（4）役割等級制度

　役割等級制度は、職務や仕事の役割の重要度に応じた等級を設定して

序列化し、更に役割の達成度[1]に応じて賃金や処遇を決定する制度のことです。求められる役割を判断するうえで、一定の職務能力があることを前提としていることから、職能等級制度に類似する制度といえます。また、職務の内容を考慮する点では職務等級制度とも類似します。なお、役割の達成度も考慮する制度設計が一般的であるとすると、成果主義型賃金制度の性格も有しているといえるでしょう。現在、多くの企業が採用する制度です。

（5）成果主義型賃金制度

　成果主義型賃金制度とは、労働者の年齢や勤続年数ではなく、職務・職責・役割等の仕事の内容やその達成度によって賃金や処遇を決定する制度だといわれています。職務の内容や成果を賃金や処遇に反映させる制度だと広い意味でとらえるとすれば、これまでの職務等級制度や役割等級制度においても、一定程度、成果主義型賃金制度が取り入れられていると考えることもできます。成果だけで賃金や処遇を全て決定する制度というよりも、日本においては、成果を最も重要な考慮要素とする制度だと理解するのが適切だと思います。

2　テレワークにおける成果主義型賃金制度の導入の要否

　成果主義型賃金制度を導入し、これまでの賃金制度を変更するのであれば、就業規則を変更する必要があります。また、成果主義型賃金制度を導入した結果、賃金が減額する可能性が高くなるなど、不利益変更の性格がありますので、合理的な内容としておくことが求められます。

　職能資格制度に基づいて職能給を支給してきた企業（職能資格制度を採用する企業）が、職務等級に応じた職務給を支給することとし、成果を踏まえた人事評価を行い降格もあり得る賃金制度を新たに採用した事

---

[1]　役割の達成度の評価にあたっては、目標管理制度（MBO：Management By Objectives）を採用する企業が多くなっています。

案において、裁判所は経営上給与制度変更の必要性があること、変更後の賃金総原資に変動がないこと、昇格・昇給の可能性もある平等な人事評価制度であること、経過措置を設けていること、労使交渉が適切に実施されてきたことなどを踏まえ、就業規則の変更を合理的だと判断しています（ノイズ研究所事件（東京高判平18.6.22労判920号5頁））。

　テレワークは成果で評価することに馴染む働き方だというイメージにつられ、テレワーク導入を機に成果主義型賃金制度を導入することになると考えてしまうかもしれませんが、そうではありません。これまでも成果を考慮要素としているのであれば、賃金制度を変更するのではなく、これまで曖昧だった成果評価をできるだけ客観的に行うことで対応できる企業も少なくないと思われます。

参 考 資 料 篇

Ⅰ 参考資料

【参考資料①】
　テレワークの適切な導入及び実施の推進のためのガイドライン
〔令和3年3月25日　厚生労働省〕

【参考資料②】
　労働時間の適正な把握のために使用者が講ずべき措置に関するガイドライン
〔平成29年1月20日　厚生労働省〕

【参考資料③】
　個人データの漏えい等の事案が発生した場合等の対応について
〔平成29年個人情報保護委員会告示第1号〕

【参考資料④】
　「個人情報の保護に関する法律についてのガイドライン」及び「個人データの
　漏えい等の事案が発生した場合等の対応について」に関するQ&A（抜粋）
〔平成29年2月16日　更新：令和元年6月7日　個人情報保護委員会〕

【参考資料⑤】
　利用者の指示に基づきサービス提供事業者自身の署名鍵により暗号化等を行
　う電子契約サービスに関するQ&A
〔令和2年7月17日　総務省・法務省・経済産業省〕

【参考資料⑥】
　利用者の指示に基づきサービス提供事業者自身の署名鍵により暗号化等を行
　う電子契約サービスに関するQ&A（電子署名法第3条関係）
〔令和2年9月4日　総務省・法務省・経済産業省〕

【参考資料⑦】
　これからのテレワークでの働き方に関する検討会報告書
〔令和2年12月25日　厚生労働省〕

Ⅱ 参考書式

参考書式(1)：テレワーク基本方針について　　　　　　【ダウンロード】
参考書式(2)：在宅勤務規程（例）　　　　　　　　　　【ダウンロード】
参考書式(3)：在宅勤務（適用）申請書　　　　　　　　【ダウンロード】
参考書式(4)：テレワーク機器持ち出し申請書　　　　　【ダウンロード】
参考書式(5)：在宅勤務日報　　　　　　　　　　　　　【ダウンロード】
参考書式(6)：在宅勤務管理表　　　　　　　　　　　　【ダウンロード】

＊上記(1)～(6)の参考書式につきましてはダウンロードが可能です。
　ダウンロードの方法や注意点は、**234頁**をご参照ください。

Ⅰ 参 考 資 料

【参考資料①】

テレワークの適切な導入及び実施の推進のためのガイドライン
〔令和3年3月25日　厚生労働省〕

1　趣旨

　　労働者が情報通信技術を利用して行う事業場外勤務（以下「テレワーク」という。）
には、オフィスでの勤務に比べて、働く時間や場所を柔軟に活用することが可能であり、
通勤時間の短縮及びこれに伴う心身の負担の軽減、仕事に集中できる環境での業務の実
施による業務効率化につながり、それに伴う時間外労働の削減、育児や介護と仕事の両
立の一助となる等、労働者にとって仕事と生活の調和を図ることが可能となるといった
メリットがある。

　　また、使用者にとっても、業務効率化による生産性の向上にも資すること、育児や介
護等を理由とした労働者の離職の防止や、遠隔地の優秀な人材の確保、オフィスコスト
の削減等のメリットがある。

　　テレワークは、ウィズコロナ・ポストコロナの「新たな日常」、「新しい生活様式」に
対応した働き方であると同時に、働く時間や場所を柔軟に活用することのできる働き方
として、更なる導入・定着を図ることが重要である。

　　本ガイドラインは、使用者が適切に労務管理を行い、労働者が安心して働くことがで
きる良質なテレワークを推進するため、テレワークの導入及び実施に当たり、労務管理
を中心に、労使双方にとって留意すべき点、望ましい取組等を明らかにしたものである。
本ガイドラインを参考として、労使で十分に話し合いが行われ、良質なテレワークが導
入され、定着していくことが期待される。

2　テレワークの形態

　　テレワークの形態は、業務を行う場所に応じて、労働者の自宅で行う在宅勤務、労働
者の属するメインのオフィス以外に設けられたオフィスを利用するサテライトオフィス
勤務、ノートパソコンや携帯電話等を活用して臨機応変に選択した場所で行うモバイル
勤務に分類される。テレワークの形態ごとの特徴として以下の点が挙げられる。

①　在宅勤務

　　通勤を要しないことから、事業場での勤務の場合に通勤に要する時間を柔軟に活用
できる。また、例えば育児休業明けの労働者が短時間勤務等と組み合わせて勤務する
ことが可能となること、保育所の近くで働くことが可能となること等から、仕事と家
庭生活との両立に資する働き方である。

②　サテライトオフィス勤務

　自宅の近くや通勤途中の場所等に設けられたサテライトオフィス（シェアオフィス、コワーキングスペースを含む。）での勤務は、通勤時間を短縮しつつ、在宅勤務やモバイル勤務以上に作業環境の整った場所で就労可能な働き方である。

③　モバイル勤務

　労働者が自由に働く場所を選択できる、外勤における移動時間を利用できる等、働く場所を柔軟にすることで業務の効率化を図ることが可能な働き方である。

　このほか、テレワーク等を活用し、普段のオフィスとは異なる場所で余暇を楽しみつつ仕事を行う、いわゆる「ワーケーション」についても、情報通信技術を利用して仕事を行う場合には、モバイル勤務、サテライトオフィス勤務の一形態として分類することができる。

3　テレワークの導入に際しての留意点

(1)　テレワークの推進に当たって

　テレワークの推進は、労使双方にとってプラスなものとなるよう、働き方改革の推進の観点にも配意して行うことが有益であり、使用者が適切に労務管理を行い、労働者が安心して働くことのできる良質なテレワークとすることが求められる。

　なお、テレワークを推進するなかで、従来の業務遂行の方法や労務管理の在り方等について改めて見直しを行うことも、生産性の向上に資するものであり、テレワークを実施する労働者だけでなく、企業にとってもメリットのあるものである。

　テレワークを円滑かつ適切に、制度として導入し、実施するに当たっては、導入目的、対象業務、対象となり得る労働者の範囲、実施場所、テレワーク可能日（労働者の希望、当番制、頻度等）、申請等の手続、費用負担、労働時間管理の方法や中抜け時間の取扱い、通常又は緊急時の連絡方法等について、あらかじめ労使で十分に話し合い、ルールを定めておくことが重要である。

(2)　テレワークの対象業務

　例えば、いわゆるエッセンシャルワーカーなどが従事する業務等、その性格上テレワークを実施することが難しい業種・職種があると考えられるが、一般にテレワークを実施することが難しいと考えられる業種・職種であっても個別の業務によっては実施できる場合があり、必ずしもそれまでの業務の在り方を前提にテレワークの対象業務を選定するのではなく、仕事内容の本質的な見直しを行うことが有用な場合がある。テレワークに向かないと安易に結論づけるのではなく、管理職側の意識を変えることや、業務遂行の方法の見直しを検討することが望ましい。なお、オフィスに出勤する労働者のみに業務が偏らないよう、留意することが必要である。

(3)　テレワークの対象者等

　テレワークの契機は様々であり、労働者がテレワークを希望する場合や、使用者が指示する場合があるが、いずれにしても実際にテレワークを実施するに当たっては、

労働者本人の納得の上で、対応を図る必要がある。

　また、短時間労働者及び有期雇用労働者の雇用管理の改善等に関する法律（平成5年法律第76号）及び労働者派遣事業の適正な運営の確保及び派遣労働者の保護等に関する法律（昭和60年法律第88号）に基づき、正規雇用労働者と非正規雇用労働者との間で、あらゆる待遇について不合理な待遇差を設けてはならないこととされている。

　テレワークの対象者を選定するに当たっては、正規雇用労働者、非正規雇用労働者といった雇用形態の違いのみを理由としてテレワーク対象者から除外することのないよう留意する必要がある。

　派遣労働者がテレワークを行うに当たっては、厚生労働省ホームページに掲載している「派遣労働者等に係るテレワークに関するQ＆A」を参照されたい。

　雇用形態にかかわらず、業務等の要因により、企業内でテレワークを実施できる者に偏りが生じてしまう場合においては、労働者間で納得感を得られるよう、テレワークを実施する者の優先順位やテレワークを行う頻度等について、あらかじめ労使で十分に話し合うことが望ましい。

　また、在宅での勤務は生活と仕事の線引きが困難になる等の理由から在宅勤務を希望しない労働者について、サテライトオフィス勤務やモバイル勤務を利用することも考えられる。

　特に、新入社員、中途採用の社員及び異動直後の社員は、業務について上司や同僚等に聞きたいことが多く、不安が大きい場合がある。このため、業務を円滑に進める観点から、テレワークの実施に当たっては、コミュニケーションの円滑化に特段の配慮をすることが望ましい。

(4)　導入に当たっての望ましい取組

　テレワークの推進に当たっては、以下のような取組を行うことが望ましい。

・　既存業務の見直し・点検

　テレワークをしやすい業種・職種であっても、不必要な押印や署名、対面での会議を必須とする、資料を紙で上司に説明する等の仕事の進め方がテレワークの導入・実施の障壁となっているケースがある。そのため、不必要な押印や署名の廃止、書類のペーパーレス化、決裁の電子化、オンライン会議の導入等が有効である。また、職場内の意識改革をはじめ、業務の進め方の見直しに取り組むことが望ましい。

・　円滑なコミュニケーション

　円滑に業務を遂行する観点からは、働き方が変化する中でも、労働者や企業の状況に応じた適切なコミュニケーションを促進するための取組を行うことが望ましい。職場と同様にコミュニケーションを取ることができるソフトウェア導入等も考えられる。

・　グループ企業単位等での実施の検討

　職場の雰囲気等でテレワークを実施することが難しい場合もあるため、企業のトップや経営層がテレワークの必要性を十分に理解し、方針を示すなど企業全体と

して取り組む必要がある。また、職場での関係や取引先との関係により、一個人、一企業のみでテレワークを推進することが困難な場合がある。そのため、グループ企業や、業界単位などを含めたテレワークの実施の呼びかけを行うことも望ましい。

4 労務管理上の留意点

(1) テレワークにおける人事評価制度

テレワークは、非対面の働き方であるため、個々の労働者の業務遂行状況や、成果を生み出す過程で発揮される能力を把握しづらい側面があるとの指摘があるが、人事評価は、企業が労働者に対してどのような働きを求め、どう処遇に反映するかといった観点から、企業がその手法を工夫して、適切に実施することが基本である。

例えば、上司は、部下に求める内容や水準等をあらかじめ具体的に示しておくとともに、評価対象期間中には、必要に応じてその達成状況について労使共通の認識を持つための機会を柔軟に設けることが望ましい。特に行動面や勤務意欲、態度等の情意面を評価する企業は、評価対象となる具体的な行動等の内容や評価の方法をあらかじめ見える化し、示すことが望ましい。

加えて、人事評価の評価者に対しても、非対面の働き方において適正な評価を実施できるよう、評価者に対する訓練等の機会を設ける等の工夫が考えられる。

また、テレワークを実施している者に対し、時間外、休日又は所定外深夜（以下「時間外等」という。）のメール等に対応しなかったことを理由として不利益な人事評価を行うことは適切な人事評価とはいえない。

なお、テレワークを行う場合の評価方法を、オフィスでの勤務の場合の評価方法と区別する際には、誰もがテレワークを行えるようにすることを妨げないように工夫を行うとともに、あらかじめテレワークを選択しようとする労働者に対して当該取扱いの内容を説明することが望ましい。（テレワークの実施頻度が労働者に委ねられている場合などにあっては）テレワークを実施せずにオフィスで勤務していることを理由として、オフィスに出勤している労働者を高く評価すること等も、労働者がテレワークを行おうとすることの妨げになるものであり、適切な人事評価とはいえない。

(2) テレワークに要する費用負担の取扱い

テレワークを行うことによって労働者に過度の負担が生じることは望ましくない。個々の企業ごとの業務内容、物品の貸与状況等により、費用負担の取扱いは様々であるため、労使のどちらがどのように負担するか、また、使用者が負担する場合における限度額、労働者が使用者に費用を請求する場合の請求方法等については、あらかじめ労使で十分に話し合い、企業ごとの状況に応じたルールを定め、就業規則等において規定しておくことが望ましい。特に、労働者に情報通信機器、作業用品その他の負担をさせる定めをする場合には、当該事項について就業規則に規定しなければならないこととされている（労働基準法（昭和22年法律第49号）第89条第5号）。

在宅勤務に伴い、労働者個人が契約した電話回線等を用いて業務を行わせる場合、

通話料、インターネット利用料などの通信費が増加する場合や、労働者の自宅の電気料金等が増加する場合、実際の費用のうち業務に要した実費の金額を在宅勤務の実態（勤務時間等）を踏まえて合理的・客観的に計算し、支給することも考えられる。

なお、在宅勤務に係る費用負担等に関する源泉所得税の課税関係については、国税庁が作成した「在宅勤務に係る費用負担等に関するＦＡＱ（源泉所得税関係）」（令和３年１月15日）を参照されたい。

(3) テレワーク状況下における人材育成

テレワークを推進する上で、社内教育等についてもオンラインで実施することも有効である。オンラインでの人材育成は、例えば、「他の社員の営業の姿を大人数の後輩社員がオンラインで見て学ぶ」「動画にしていつでも学べるようにする」等の、オンラインならではの利点を持っているため、その利点を活かす工夫をすることも有用である。

このほか、テレワークを実施する際には、新たな機器やオンライン会議ツール等を使用する場合があり、一定のスキルの習得が必要となる場合があることから、特にテレワークを導入した初期あるいは機材を新規導入したとき等には、必要な研修等を行うことも有用である。

また、テレワークを行う労働者について、社内教育や研修制度に関する定めをする場合には、当該事項について就業規則に規定しなければならないこととされている（労働基準法第89条第7号）。

(4) テレワークを効果的に実施するための人材育成

テレワークの特性を踏まえると、勤務する時間帯や自らの健康に十分に注意を払いつつ、作業能率を勘案して、自律的に業務を遂行できることがテレワークの効果的な実施に適しており、企業は、各労働者が自律的に業務を遂行できるよう仕事の進め方の工夫や社内教育等によって人材の育成に取り組むことが望ましい。

併せて、労働者が自律的に働くことができるよう、管理職による適切なマネジメントが行われることが重要であり、テレワークを実施する際にも適切な業務指示ができるようにする等、管理職のマネジメント能力向上に取り組むことも望ましい。例えば、テレワークを行うに当たっては、管理職へのマネジメント研修を行うことや、仕事の進め方として最初に大枠の方針を示す等、部下が自律的に仕事を進めることができるような指示の仕方を可能とすること等が考えられる。

5 テレワークのルールの策定と周知
(1) 労働基準関係法令の適用

労働基準法上の労働者については、テレワークを行う場合においても、労働基準法、最低賃金法（昭和34年法律第137号）、労働安全衛生法（昭和47年法律第57号）、労働者災害補償保険法（昭和22年法律第50号）等の労働基準関係法令が適用される。

(2) 就業規則の整備

テレワークを円滑に実施するためには、使用者は労使で協議して策定したテレワークのルールを就業規則に定め、労働者に適切に周知することが望ましい。

テレワークを行う場所について、労働者が専らモバイル勤務をする場合や、いわゆる「ワーケーション」の場合など、労働者の都合に合わせて柔軟に選択することができる場合には、使用者の許可基準を示した上で、「使用者が許可する場所」においてテレワークが可能である旨を定めておくことが考えられる。

なお、テレワークを行う場所の如何に関わらず、テレワークを行う労働者の属する事業場がある都道府県の最低賃金が適用されることに留意する必要がある。

(3) 労働条件の明示

使用者は、労働契約を締結する際、労働者に対し、就業の場所に関する事項等を明示することとなっており（労働基準法第15条、労働基準法施行規則（昭和22年厚生省令第23号）第5条第1項第1号の3）、労働者に対し就労の開始日からテレワークを行わせることとする場合には、就業の場所として(2)の「使用者が許可する場所」も含め自宅やサテライトオフィスなど、テレワークを行う場所を明示する必要がある。

また、労働者が就労の開始後にテレワークを行うことを予定している場合には、使用者は、テレワークを行うことが可能である場所を明示しておくことが望ましい。

(4) 労働条件の変更

労働契約や就業規則において定められている勤務場所や業務遂行方法の範囲を超えて使用者が労働者にテレワークを行わせる場合には、労働者本人の合意を得た上での労働契約の変更が必要であること（労働者本人の合意を得ずに労働条件の変更を行う場合には、労働者の受ける不利益の程度等に照らして合理的なものと認められる就業規則の変更及び周知によることが必要であること）に留意する必要がある（労働契約法（平成19年法律第128号）第8条〜第11条）。

6 様々な労働時間制度の活用

(1) 労働基準法に定められた様々な労働時間制度

労働基準法には様々な労働時間制度が定められており、全ての労働時間制度でテレワークが実施可能である。このため、テレワーク導入前に採用している労働時間制度を維持したまま、テレワークを行うことが可能である。一方で、テレワークを実施しやすくするために労働時間制度を変更する場合には、各々の制度の導入要件に合わせて変更することが可能である。

(2) 労働時間の柔軟な取扱い

ア 通常の労働時間制度及び変形労働時間制

通常の労働時間制度及び変形労働時間制においては、始業及び終業の時刻や所定

労働時間をあらかじめ定める必要があるが、テレワークでオフィスに集まらない労働者について必ずしも一律の時間に労働する必要がないときには、その日の所定労働時間はそのままとしつつ、始業及び終業の時刻についてテレワークを行う労働者ごとに自由度を認めることも考えられる。

このような場合には、使用者があらかじめ就業規則に定めておくことによって、テレワークを行う際に労働者が始業及び終業の時刻を変更することができるようにすることが可能である。

イ　フレックスタイム制

フレックスタイム制は、労働者が始業及び終業の時刻を決定することができる制度であり、テレワークになじみやすい制度である。特に、テレワークには、働く場所の柔軟な活用を可能とすることにより、例えば、次のように、労働者にとって仕事と生活の調和を図ることが可能となるといったメリットがあるものであり、フレックスタイム制を活用することによって、労働者の仕事と生活の調和に最大限資することが可能となる。

・　在宅勤務の場合に、労働者の生活サイクルに合わせて、始業及び終業の時刻を柔軟に調整することや、オフィス勤務の日は労働時間を長く、一方で在宅勤務の日は労働時間を短くして家庭生活に充てる時間を増やすといった運用が可能

・　一定程度労働者が業務から離れる中抜け時間についても、労働者自らの判断により、その時間分その日の終業時刻を遅くしたり、清算期間の範囲内で他の労働日において労働時間を調整したりすることが可能

・　テレワークを行う日についてはコアタイム（労働者が労働しなければならない時間帯）を設けず、オフィスへの出勤を求める必要がある日・時間についてはコアタイムを設けておくなど、企業の実情に応じた柔軟な取扱いも可能

ウ　事業場外みなし労働時間制

事業場外みなし労働時間制は、労働者が事業場外で業務に従事した場合において、労働時間を算定することが困難なときに適用される制度であり、使用者の具体的な指揮監督が及ばない事業場外で業務に従事することとなる場合に活用できる制度である。テレワークにおいて一定程度自由な働き方をする労働者にとって、柔軟にテレワークを行うことが可能となる。

テレワークにおいて、次の①②をいずれも満たす場合には、制度を適用することができる。

①　情報通信機器が、使用者の指示により常時通信可能な状態におくこととされていないこと

この解釈については、以下の場合については、いずれも①を満たすと認められ、情報通信機器を労働者が所持していることのみをもって、制度が適用されないことはない。

・ 勤務時間中に、労働者が自分の意思で通信回線自体を切断することができる場合

・ 勤務時間中は通信回線自体の切断はできず、使用者の指示は情報通信機器を用いて行われるが、労働者が情報通信機器から自分の意思で離れることができ、応答のタイミングを労働者が判断することができる場合

・ 会社支給の携帯電話等を所持していても、その応答を行うか否か、又は折り返しのタイミングについて労働者において判断できる場合

② 随時使用者の具体的な指示に基づいて業務を行っていないこと
以下の場合については②を満たすと認められる。

・ 使用者の指示が、業務の目的、目標、期限等の基本的事項にとどまり、一日のスケジュール（作業内容とそれを行う時間等）をあらかじめ決めるなど作業量や作業の時期、方法等を具体的に特定するものではない場合

（3）業務の性質等に基づく労働時間制度

裁量労働制及び高度プロフェッショナル制度は、業務遂行の方法、時間等について労働者の自由な選択に委ねることを可能とする制度である。これらの制度の対象労働者について、テレワークの実施を認めていくことにより、労働する場所についても労働者の自由な選択に委ねていくことが考えられる。

7 テレワークにおける労働時間管理の工夫

（1）テレワークにおける労働時間管理の考え方

テレワークの場合における労働時間の管理については、テレワークが本来のオフィス以外の場所で行われるため使用者による現認ができないなど、労働時間の把握に工夫が必要となると考えられる。

一方で、テレワークは情報通信技術を利用して行われるため、労働時間管理についても情報通信技術を活用して行うこととする等によって、労務管理を円滑に行うことも可能となる。

使用者がテレワークの場合における労働時間の管理方法をあらかじめ明確にしておくことにより、労働者が安心してテレワークを行うことができるようにするとともに、使用者にとっても労務管理や業務管理を的確に行うことができるようにすることが望ましい。

（2）テレワークにおける労働時間の把握

テレワークにおける労働時間の把握については、「労働時間の適正な把握のために使用者が講ずべき措置に関するガイドライン」（平成29年1月20日基発0120第3号。以下「適正把握ガイドライン」という。）も踏まえた使用者の対応として、次の方法によることが考えられる。

ア　客観的な記録による把握

適正把握ガイドラインにおいては、使用者が労働時間を把握する原則的な方法として、パソコンの使用時間の記録等の客観的な記録を基礎として、始業及び終業の時刻を確認すること等が挙げられている。情報通信機器やサテライトオフィスを使用しており、その記録が労働者の始業及び終業の時刻を反映している場合には、客観性を確保しつつ、労務管理を簡便に行う方法として、次の対応が考えられる。

①　労働者がテレワークに使用する情報通信機器の使用時間の記録等により、労働時間を把握すること

②　使用者が労働者の入退場の記録を把握することができるサテライトオフィスにおいてテレワークを行う場合には、サテライトオフィスへの入退場の記録等により労働時間を把握すること

イ　労働者の自己申告による把握

テレワークにおいて、情報通信機器を使用していたとしても、その使用時間の記録が労働者の始業及び終業の時刻を反映できないような場合も考えられる。

このような場合に、労働者の自己申告により労働時間を把握することが考えられるが、その場合、使用者は、

①　労働者に対して労働時間の実態を記録し、適正に自己申告を行うことなどについて十分な説明を行うことや、実際に労働時間を管理する者に対して、自己申告制の適正な運用等について十分な説明を行うこと

②　労働者からの自己申告により把握した労働時間が実際の労働時間と合致しているか否かについて、パソコンの使用状況など客観的な事実と、自己申告された始業・終業時刻との間に著しい乖離があることを把握した場合（※）には、所要の労働時間の補正をすること

③　自己申告できる時間外労働の時間数に上限を設けるなど、労働者による労働時間の適正な申告を阻害する措置を講じてはならないこと

などの措置を講ずる必要がある。

※　例えば、申告された時間以外の時間にメールが送信されている、申告された始業・終業時刻の外で長時間パソコンが起動していた記録がある等の事実がある場合。

なお、申告された労働時間が実際の労働時間と異なることをこのような事実により使用者が認識していない場合には、当該申告された労働時間に基づき時間外労働の上限規制を遵守し、かつ、同労働時間を基に賃金の支払等を行っていれば足りる。

労働者の自己申告により労働時間を簡便に把握する方法としては、例えば一日の終業時に、始業時刻及び終業時刻をメール等にて報告させるといった方法を用いる

ことが考えられる。

(3) 労働時間制度ごとの留意点

テレワークの場合においても、労働時間の把握に関して、労働時間制度に応じて次のような点に留意することが必要である。

・ フレックスタイム制が適用される場合には、使用者は労働者の労働時間については、適切に把握すること

・ 事業場外みなし労働時間制が適用される場合には、必要に応じて、実態に合ったみなし時間となっているか労使で確認し、使用者はその結果に応じて業務量等を見直すこと

・ 裁量労働制が適用される場合には、必要に応じて、業務量が過大又は期限の設定が不適切で労働者から時間配分の決定に関する裁量が事実上失われていないか、みなし時間と当該業務の遂行に必要とされる時間とに乖離がないか等について労使で確認し、使用者はその結果に応じて業務量等を見直すこと

(4) テレワークに特有の事象の取扱い

ア　中抜け時間

テレワークに際しては、一定程度労働者が業務から離れる時間が生じることが考えられる。

このような中抜け時間については、労働基準法上、使用者は把握することとしても、把握せずに始業及び終業の時刻のみを把握することとしても、いずれでもよい。

テレワーク中の中抜け時間を把握する場合、その方法として、例えば一日の終業時に、労働者から報告させることが考えられる。

また、テレワーク中の中抜け時間の取扱いとしては、

① 中抜け時間を把握する場合には、休憩時間として取り扱い終業時刻を繰り下げたり、時間単位の年次有給休暇として取り扱う

② 中抜け時間を把握しない場合には、始業及び終業の時刻の間の時間について、休憩時間を除き労働時間として取り扱う

ことなどが考えられる。

これらの中抜け時間の取扱いについては、あらかじめ使用者が就業規則等において定めておくことが重要である。

イ　勤務時間の一部についてテレワークを行う際の移動時間

例えば、午前中のみ自宅やサテライトオフィスでテレワークを行ったのち、午後からオフィスに出勤する場合など、勤務時間の一部についてテレワークを行う場合が考えられる。

こうした場合の就業場所間の移動時間について、労働者による自由利用が保障されている時間については、休憩時間として取り扱うことが考えられる。

　一方で、例えば、テレワーク中の労働者に対して、使用者が具体的な業務のために急きょオフィスへの出勤を求めた場合など、使用者が労働者に対し業務に従事するために必要な就業場所間の移動を命じ、その間の自由利用が保障されていない場合の移動時間は、労働時間に該当する。

ウ　休憩時間の取扱い

　労働基準法第34条第2項は、原則として休憩時間を労働者に一斉に付与することを規定しているが、テレワークを行う労働者について、労使協定により、一斉付与の原則を適用除外とすることが可能である。

エ　時間外・休日労働の労働時間管理

　テレワークの場合においても、使用者は時間外・休日労働をさせる場合には、三六協定の締結、届出や割増賃金の支払が必要となり、また、深夜に労働させる場合には、深夜労働に係る割増賃金の支払が必要である。

　このため、使用者は、労働者の労働時間の状況を適切に把握し、必要に応じて労働時間や業務内容等について見直すことが望ましい。

オ　長時間労働対策

　テレワークについては、業務の効率化に伴い、時間外労働の削減につながるというメリットが期待される一方で、
・　労働者が使用者と離れた場所で勤務をするため相対的に使用者の管理の程度が弱くなる
・　業務に関する指示や報告が時間帯にかかわらず行われやすくなり、労働者の仕事と生活の時間の区別が曖昧となり、労働者の生活時間帯の確保に支障が生ずるといったおそれがあることに留意する必要がある。

　このような点に鑑み長時間労働による健康障害防止を図ることや、労働者のワークライフバランスの確保に配慮することが求められている。

　テレワークにおける長時間労働等を防ぐ手法としては、次のような手法が考えられる。

(ア)　メール送付の抑制等

　テレワークにおいて長時間労働が生じる要因として、時間外等に業務に関する指示や報告がメール等によって行われることが挙げられる。

　このため、役職者、上司、同僚、部下等から時間外等にメールを送付することの自粛を命ずること等が有効である。メールのみならず電話等での方法によるものも含め、時間外等における業務の指示や報告の在り方について、業務上の必要性、指示や報告が行われた場合の労働者の対応の要否等について、各事業場の実情に応じ、使用者がルールを設けることも考えられる。

(イ)　システムへのアクセス制限

　　テレワークを行う際に、企業等の社内システムに外部のパソコン等からアクセスする形態をとる場合が多いが、所定外深夜・休日は事前に許可を得ない限りアクセスできないよう使用者が設定することが有効である。

(ウ)　時間外・休日・所定外深夜労働についての手続

　　通常のオフィス勤務の場合と同様に、業務の効率化やワークライフバランスの実現の観点からテレワークを導入する場合にも、その趣旨を踏まえ、労使の合意により、時間外等の労働が可能な時間帯や時間数をあらかじめ使用者が設定することも有効である。この場合には、労使双方において、テレワークの趣旨を十分に共有するとともに、使用者が、テレワークにおける時間外等の労働に関して、一定の時間帯や時間数の設定を行う場合があること、時間外等の労働を行う場合の手続等を就業規則等に明記しておくことや、テレワークを行う労働者に対して、書面等により明示しておくことが有効である。

(エ)　長時間労働等を行う労働者への注意喚起

　　テレワークにより長時間労働が生じるおそれのある労働者や、休日・所定外深夜労働が生じた労働者に対して、使用者が注意喚起を行うことが有効である。

　　具体的には、管理者が労働時間の記録を踏まえて行う方法や、労務管理のシステムを活用して対象者に自動で警告を表示するような方法が考えられる。

(オ)　その他

　　このほか、勤務間インターバル制度はテレワークにおいても長時間労働を抑制するための手段の一つとして考えられ、この制度を利用することも考えられる。

8　テレワークにおける安全衛生の確保

(1)　安全衛生関係法令の適用

　　労働安全衛生法等の関係法令等においては、安全衛生管理体制を確立し、職場における労働者の安全と健康を確保するために必要となる具体的な措置を講ずることを事業者に求めており、自宅等においてテレワークを実施する場合においても、事業者は、これら関係法令等に基づき、労働者の安全と健康の確保のための措置を講ずる必要がある。

　　具体的には、

・　健康相談を行うことが出来る体制の整備（労働安全衛生法第13条の3）

・　労働者を雇い入れたとき又は作業内容を変更したときの安全又は衛生のための教育（労働安全衛生法第59条）

・　必要な健康診断とその結果等を受けた措置（労働安全衛生法第66条から第66条の7まで）

- 過重労働による健康障害を防止するための長時間労働者に対する医師による面接指導とその結果等を受けた措置（労働安全衛生法第66条の8及び第66条の9）及び面接指導の適切な実施のための労働時間の状況の把握（労働安全衛生法第66条の8の3）、面接指導の適切な実施のための時間外・休日労働時間の算定と産業医への情報提供（労働安全衛生規則（昭和47年労働省令第32号）第52条の2）
- ストレスチェックとその結果等を受けた措置（労働安全衛生法第66条の10）
- 労働者に対する健康教育及び健康相談その他労働者の健康の保持増進を図るために必要な措置（労働安全衛生法第69条）

等の実施により、労働者の安全と健康の確保を図ることが重要である。その際、必要に応じて、情報通信機器を用いてオンラインで実施することも有効である。

　なお、労働者を雇い入れたとき（雇入れ後にテレワークの実施が予定されているとき）又は労働者の作業内容を変更し、テレワークを初めて行わせるときは、テレワーク作業時の安全衛生に関する事項を含む安全衛生教育を行うことが重要である。

　また、一般に、労働者の自宅等におけるテレワークにおいては、危険・有害業務を行うことは通常想定されないものであるが、行われる場合においては、当該危険・有害業務に係る規定の遵守が必要である。

(2)　自宅等でテレワークを行う際のメンタルヘルス対策の留意点

　テレワークでは、周囲に上司や同僚がいない環境で働くことになるため、労働者が上司等とコミュニケーションを取りにくい、上司等が労働者の心身の変調に気づきにくいという状況となる場合が多い。

　このような状況のもと、円滑にテレワークを行うためには、事業者は、別紙1の「テレワークを行う労働者の安全衛生を確保するためのチェックリスト（事業者用）」を活用する等により、健康相談体制の整備や、コミュニケーションの活性化のための措置を実施することが望ましい。

　また、事業者は、事業場におけるメンタルヘルス対策に関する計画である「心の健康づくり計画」を策定することとしており（労働者の心の健康の保持増進のための指針（平成18年公示第3号））、当該計画の策定に当たっては、上記のようなテレワークにより生じやすい状況を念頭に置いたメンタルヘルス対策についても衛生委員会等による調査審議も含め労使による話し合いを踏まえた上で記載し、計画的に取り組むことが望ましい。

(3)　自宅等でテレワークを行う際の作業環境整備の留意点

　テレワークを行う作業場が、労働者の自宅等事業者が業務のために提供している作業場以外である場合には、事務所衛生基準規則（昭和47年労働省令第43号）、労働安全衛生規則（一部、労働者を就業させる建設物その他の作業場に係る規定）及び「情報機器作業における労働衛生管理のためのガイドライン」（令和元年7月12日基発0712第3号）は一般には適用されないが、安全衛生に配慮したテレワークが実施さ

れるよう、これらの衛生基準と同等の作業環境となるよう、事業者はテレワークを行う労働者に教育・助言等を行い、別紙2の「自宅等においてテレワークを行う際の作業環境を確認するためのチェックリスト（労働者用）」を活用すること等により、自宅等の作業環境に関する状況の報告を求めるとともに、必要な場合には、労使が協力して改善を図る又は自宅以外の場所（サテライトオフィス等）の活用を検討することが重要である。

(4) 事業者が実施すべき管理に関する事項

　事業者は、労働者がテレワークを初めて実施するときは、別紙1及び2のチェックリストを活用する等により、(1)から(3)までが適切に実施されることを労使で確認した上で、作業を行わせることが重要である。

　また、事業者による取組が継続的に実施されていること及び自宅等の作業環境が適切に維持されていることを、上記チェックリストを活用する等により、定期的に確認することが望ましい。

9　テレワークにおける労働災害の補償

　テレワークを行う労働者については、事業場における勤務と同様、労働基準法に基づき、使用者が労働災害に対する補償責任を負うことから、労働契約に基づいて事業主の支配下にあることによって生じたテレワークにおける災害は、業務上の災害として労災保険給付の対象となる。ただし、私的行為等業務以外が原因であるものについては、業務上の災害とは認められない。

　在宅勤務を行っている労働者等、テレワークを行う労働者については、この点を十分理解していない可能性もあるため、使用者はこの点を十分周知することが望ましい。

　また、使用者は、7(2)を踏まえた労働時間の把握において、情報通信機器の使用状況などの客観的な記録や労働者から申告された時間の記録を適切に保存するとともに、労働者が負傷した場合の災害発生状況等について、使用者や医療機関等が正確に把握できるよう、当該状況等を可能な限り記録しておくことを労働者に対して周知することが望ましい。

10　テレワークの際のハラスメントへの対応

　事業主は、職場におけるパワーハラスメント、セクシュアルハラスメント等（以下「ハラスメント」という。）の防止のための雇用管理上の措置を講じることが義務づけられており、テレワークの際にも、オフィスに出勤する働き方の場合と同様に、関係法令・関係指針に基づき、ハラスメントを行ってはならない旨を労働者に周知啓発する等、ハラスメントの防止対策を十分に講じる必要がある。

11　テレワークの際のセキュリティへの対応

　情報セキュリティの観点から全ての業務を一律にテレワークの対象外と判断するので

はなく、関連技術の進展状況等を踏まえ、解決方法の検討を行うことや業務毎に個別に判断することが望ましい。また、企業・労働者が情報セキュリティ対策に不安を感じないよう、総務省が作成している「テレワークセキュリティガイドライン」等を活用した対策の実施や労働者への教育等を行うことが望ましい。

テレワークを行う労働者の安全衛生を確保するためのチェックリスト【事業者用】

1　このチェックリストは、労働者にテレワークを実施させる事業者が安全衛生上、留意すべき事項を確認する際に活用いただくことを目的としています。

2　労働者が安全かつ健康にテレワークを実施する上で重要な事項ですので、全ての項目に☑が付くように努めてください。

3　「法定事項」の欄に「◎」が付されている項目については、労働安全衛生関係法令上、事業者に実施が義務付けられている事項ですので、不十分な点があれば改善を図ってください。

4　適切な取組が継続的に実施されるよう、このチェックリストを用いた確認を定期的（半年に1回程度）に実施し、その結果を衛生委員会等に報告してください。

すべての項目について確認し、当てはまるものに☑を付けてください。

項　　　　　　　目	法定事項
1　安全衛生管理体制について	
(1)　衛生管理者等の選任、安全・衛生委員会等の開催	
□　業種や事業場規模に応じ、必要な管理者等の選任、安全・衛生委員会等が開催されているか。	◎
□　常時使用する労働者数に基づく事業場規模の判断は、テレワーク中の労働者も含めて行っているか。	◎
□　衛生管理者等による管理や、安全・衛生委員会等における調査審議は、テレワークが通常の勤務とは異なる点に留意の上、行っているか。	
□　自宅等における安全衛生上の問題（作業環境の大きな変化や労働者の心身の健康に生じた問題など）を衛生管理者等が把握するための方法をあらかじめ定めているか。	
(2)　健康相談体制の整備	
□　健康相談を行うことができる体制を整備し、相談窓口や担当者の連絡先を労働者に周知しているか。	
□　健康相談の体制整備については、オンラインなどテレワーク中の労働者が相談しやすい方法で行うことができるよう配慮しているか。	
□　上司等が労働者の心身の状況やその変化を的確に把握できるような取組を行っているか（定期的なオンライン面談、会話を伴う方法による日常的な業務指示等）	
2　安全衛生教育について	
(1)　雇入れ時の安全衛生教育	
□　雇入れ時にテレワークを行わせることが想定されている場合には、雇入れ時の安全衛生教育にテレワーク作業時の安全衛生や健康確保に関する事項を含めているか。	◎
(2)　作業内容変更時教育	

	項　　　　　目	法定事項
☐	テレワークを初めて行わせる労働者に対し、作業内容変更時の安全衛生教育を実施し、テレワーク作業時の安全衛生や健康確保に関する事項を教育しているか。 ※作業内容に大幅な変更が生じる場合には、必ず実施してください。	
	(3)　テレワーク中の労働者に対する安全衛生教育	
☐	テレワーク中の労働者に対してオンラインで安全衛生教育を実施する場合には、令和3年1月25日付け基安安発0125第2号、基安労発0125第1号、基安化発0125第1号「インターネット等を介したeラーニング等により行われる労働安全衛生法に基づく安全衛生教育等の実施について」に準じた内容としているか。	

3　作業環境

	項　　　　　目	法定事項
	(1)　サテライトオフィス型	
☐	労働安全衛生規則や事務所衛生基準規則の衛生基準と同等の作業環境となっていることを確認した上でサテライトオフィス等のテレワーク用の作業場を選定しているか。	◎
	(2)　自宅	
☐	別添2のチェックリスト（労働者用）を参考に労働者に自宅の作業環境を確認させ、問題がある場合には労使が協力して改善に取り組んでいるか。また、改善が困難な場合には適切な作業環境や作業姿勢等が確保できる場所で作業を行うことができるよう配慮しているか。	
	(3)　その他（モバイル勤務等）	
☐	別添2のチェックリスト（労働者用）を参考に適切な作業環境や作業姿勢等が確保できる場所を選定するよう労働者に周知しているか。	

4　健康確保対策について

	項　　　　　目	法定事項
	(1)　健康診断	
☐	定期健康診断、特定業務従事者の健診等必要な健康診断を実施しているか。	◎
☐	健康診断の結果、必要な事後措置は実施しているか。	◎
☐	常時、自宅や遠隔地でテレワークを行っている者の健康診断受診に当たっての負担軽減に配慮しているか。 （労働者が健診機関を選択できるようにする等）	
	(2)　長時間労働者に対する医師の面接指導	
☐	関係通達に基づき、労働時間の状況を把握し、週40時間を超えて労働させた時間が80時間超の労働者に対して状況を通知しているか。	◎
☐	週40時間を超えて労働させた時間が80時間超の労働者から申出があった場合には医師による面接指導を実施しているか。	◎
☐	面接指導の結果、必要な事後措置を実施しているか。	◎
☐	テレワーク中の労働者に対し、医師による面接指導をオンラインで実施することも可能であるが、その場合、医師に事業場や労働者に関する情報を提供し、円滑に映像等が送受信可能な情報通信機器を用いて実施しているか。なお、面接指導を実施する医師は産業医に限られない。 ※詳細は平成27年9月15日付け基発0915第5号「情報通信機器を用いた労働安全衛生法第66条の8第1項、第66条の8の2第1項、法第66条の8の4第1項及び第66条の10第3項の規定に基づく医師による面接指導の実施について」（令和2年11月19日最終改正）を参照。	◎

項　　　　　　目	法定事項
(3)　その他（健康保持増進）	
☐　健康診断の結果、特に健康の保持に努める必要があると認める労働者に対して、医師または保健師による保健指導を実施しているか。	
☐　THP（トータル・ヘルスプロモーション・プラン）指針に基づく計画は、テレワークが通常の勤務とは異なることに留意した上で策定され、当該計画に基づき計画的な取組を実施しているか。	

5　メンタルヘルス対策
※項目1(2)及び6(1)もメンタルヘルス対策の一環として取り組んでください。

項　　　　　　目	法定事項
(1)　ストレスチェック	
☐　ストレスチェックを定期的に実施し、結果を労働者に通知しているか。また、希望者の申し出があった場合に面接指導を実施しているか。（労働者数50人未満の場合は努力義務） ※面接指導をオンラインで実施する場合には、4(2)4ポツ目についても確認。	◎
☐　テレワーク中の労働者が時期を逸することなく、ストレスチェックや面接指導を受けることができるよう、配慮しているか。 （メールやオンラインによる実施等）	
☐　ストレスチェック結果の集団分析は、テレワークが通常の勤務と異なることに留意した上で行っているか。	
(2)　心の健康づくり	
☐　メンタルヘルス指針に基づく計画は、テレワークが通常の勤務とは異なることに留意した上で策定され、当該計画に基づき計画的な取組を実施しているか。	

6　その他

項　　　　　　目	法定事項
(1)　コミュニケーションの活性化	
☐　同僚とのコミュニケーション、日常的な業務相談や業務指導等を円滑に行うための取組がなされているか。（定期的・日常的なオンラインミーティングの実施等）	
(2)　緊急連絡体制	
☐　災害発生時や業務上の緊急事態が発生した場合の連絡体制を構築し、テレワークを行う労働者に周知しているか。	

※　ご不明な点がございましたら、お近くの労働局又は労働基準監督署の安全衛生主務課にお問い合わせください。

記　入　日：令和　　　年　　　月　　　日
記入者職氏名：＿＿＿＿＿＿＿＿＿＿＿＿＿＿

R3.3.25版

自宅等においてテレワークを行う際の作業環境を確認するためのチェックリスト【労働者用】

1　このチェックリストは、自宅等においてテレワークを行う際の作業環境について、テレワークを行う労働者本人が確認する際に活用いただくことを目的としています。

2　確認した結果、すべての項目に☑が付くように、不十分な点があれば事業者と話し合って改善を図るなどにより、適切な環境下でテレワークを行うようにしましょう。

すべての項目について【観点】を参考にしながら作業環境を確認し、当てはまるものに☑を付けてください。

1　作業場所やその周辺の状況について
□　(1)　作業等を行うのに十分な空間が確保されているか。 【観点】 ・　作業の際に手足を伸ばせる空間があるか。 ・　静的筋緊張や長時間の拘束姿勢、上肢の反復作業などに伴う疲労やストレスの解消のために、体操やストレッチを適切に行うことができる空間があるか。 ・　物が密集している等、窮屈に感じないか。
□　(2)　無理のない姿勢で作業ができるように、机、椅子や、ディスプレイ、キーボード、マウス等について適切に配置しているか。 【観点】 ・　眼、肩、腕、腰に負担がかからないような無理のない姿勢で作業を行うことができるか。
□　(3)　作業中に転倒することがないよう整理整頓されているか。 【観点】 ・　つまづく恐れのある障害物、畳やカーペットの継ぎ目、電源コード等はないか。 ・　床に書類が散らばっていないか。 ・　作業場所やその周辺について、すべり等の危険のない、安全な状態としているか。
□　(4)　その他事故を防止するための措置は講じられているか。 【観点】 ・　電気コード、プラグ、コンセント、配電盤は良好な状態にあるか。配線が損傷している箇所はないか。 ・　地震の際などに物の落下や家具の転倒が起こらないよう、必要な措置を講じているか。
2　作業環境の明るさや温度等について
□　(1)　作業を行うのに支障ない十分な明るさがあるか。 【観点】 ・　室の照明で不十分な場合は、卓上照明等を用いて適切な明るさにしているか。 ・　作業に使用する書類を支障なく読むことができるか。 ・　光源から受けるギラギラしたまぶしさ（グレア）を防止するためにディスプレイの設置位置などを工夫しているか。

☐	(2) 作業の際に、窓の開閉や換気設備の活用により、空気の入れ換えを行っているか。
☐	(3) 作業に適した温湿度への調整のために、冷房、暖房、通風等の適当な措置を講ずることができるか。 【観点】 ・ エアコンは故障していないか。 ・ 窓は開放することができるか。
☐	(4) 石油ストーブなどの燃焼器具を使用する時は、適切に換気・点検を行っているか。
☐	(5) 作業に支障を及ぼすような騒音等がない状況となっているか。 【観点】 ・ テレビ会議等の音声が聞き取れるか。 ・ 騒音等により著しく集中力を欠くようなことがないか。

3　休憩等について

☐	(1) 作業中に、水分補給、休憩（トイレ含む）を行う事ができる環境となっているか。

4　その他

☐	(1) 自宅の作業環境に大きな変化が生じた場合や心身の健康に問題を感じた場合に相談する窓口や担当者の連絡先は把握しているか。

※　ご不明な点がございましたら、お近くの労働局又は労働基準監督署の安全衛生主務課にお問い合わせください。

記　入　日：令和　　　年　　　月　　　日
記入者職氏名：＿＿＿＿＿＿＿＿＿＿＿＿＿

R3.3.25版

【参考資料②】

労働時間の適正な把握のために使用者が
講ずべき措置に関するガイドライン
〔平成29年1月20日　厚生労働省〕

1　趣旨

　労働基準法においては、労働時間、休日、深夜業等について規定を設けていることから、使用者は、労働時間を適正に把握するなど労働時間を適切に管理する責務を有している。

　しかしながら、現状をみると、労働時間の把握に係る自己申告制（労働者が自己の労働時間を自主的に申告することにより労働時間を把握するもの。以下同じ。）の不適正な運用等に伴い、同法に違反する過重な長時間労働や割増賃金の未払いといった問題が生じているなど、使用者が労働時間を適切に管理していない状況もみられるところである。

　このため、本ガイドラインでは、労働時間の適正な把握のために使用者が講ずべき措置を具体的に明らかにする。

2　適用の範囲

　本ガイドラインの対象事業場は、労働基準法のうち労働時間に係る規定が適用される全ての事業場であること。

　また、本ガイドラインに基づき使用者（使用者から労働時間を管理する権限の委譲を受けた者を含む。以下同じ。）が労働時間の適正な把握を行うべき対象労働者は、労働基準法第41条に定める者及びみなし労働時間制が適用される労働者（事業場外労働を行う者にあっては、みなし労働時間制が適用される時間に限る。）を除く全ての者であること。

　なお、本ガイドラインが適用されない労働者についても、健康確保を図る必要があることから、使用者において適正な労働時間管理を行う責務があること。

3　労働時間の考え方

　労働時間とは、使用者の指揮命令下に置かれている時間のことをいい、使用者の明示又は黙示の指示により労働者が業務に従事する時間は労働時間に当たる。そのため、次のアからウのような時間は、労働時間として扱わなければならないこと。

　ただし、これら以外の時間についても、使用者の指揮命令下に置かれていると評価される時間については労働時間として取り扱うこと。

　なお、労働時間に該当するか否かは、労働契約、就業規則、労働協約等の定めのいかんによらず、労働者の行為が使用者の指揮命令下に置かれたものと評価することができるか否かにより客観的に定まるものであること。また、客観的に見て使用者の指揮命令下に置かれていると評価されるかどうかは、労働者の行為が使用者から義務づけられ、又はこれを余儀なくされていた等の状況の有無等から、個別具体的に判断されるもので

あること。

ア　使用者の指示により、就業を命じられた業務に必要な準備行為（着用を義務付けられた所定の服装への着替え等）や業務終了後の業務に関連した後始末（清掃等）を事業場内において行った時間

イ　使用者の指示があった場合には即時に業務に従事することを求められており、労働から離れることが保障されていない状態で待機等している時間（いわゆる「手待時間」）

ウ　参加することが業務上義務づけられている研修・教育訓練の受講や、使用者の指示により業務に必要な学習等を行っていた時間

4　労働時間の適正な把握のために使用者が講ずべき措置

(1)　始業・終業時刻の確認及び記録

　　使用者は、労働時間を適正に把握するため、労働者の労働日ごとの始業・終業時刻を確認し、これを記録すること。

(2)　始業・終業時刻の確認及び記録の原則的な方法

　　使用者が始業・終業時刻を確認し、記録する方法としては、原則として次のいずれかの方法によること。

ア　使用者が、自ら現認することにより確認し、適正に記録すること。

イ　タイムカード、ＩＣカード、パソコンの使用時間の記録等の客観的な記録を基礎として確認し、適正に記録すること。

(3)　自己申告制により始業・終業時刻の確認及び記録を行う場合の措置

　　上記(2)の方法によることなく、自己申告制によりこれを行わざるを得ない場合、使用者は次の措置を講ずること。

ア　自己申告制の対象となる労働者に対して、本ガイドラインを踏まえ、労働時間の実態を正しく記録し、適正に自己申告を行うことなどについて十分な説明を行うこと。

イ　実際に労働時間を管理する者に対して、自己申告制の適正な運用を含め、本ガイドラインに従い講ずべき措置について十分な説明を行うこと。

ウ　自己申告により把握した労働時間が実際の労働時間と合致しているか否かについて、必要に応じて実態調査を実施し、所要の労働時間の補正をすること。

　　特に、入退場記録やパソコンの使用時間の記録など、事業場内にいた時間の分かるデータを有している場合に、労働者からの自己申告により把握した労働時間と当該データで分かった事業場内にいた時間との間に著しい乖離が生じているときには、実態調査を実施し、所要の労働時間の補正をすること。

エ　自己申告した労働時間を超えて事業場内にいる時間について、その理由等を労働者に報告させる場合には、当該報告が適正に行われているかについて確認すること。

　　その際、休憩や自主的な研修、教育訓練、学習等であるため労働時間ではないと報告されていても、実際には、使用者の指示により業務に従事しているなど使用者

の指揮命令下に置かれていたと認められる時間については、労働時間として扱わなければならないこと。

オ　自己申告制は、労働者による適正な申告を前提として成り立つものである。このため、使用者は、労働者が自己申告できる時間外労働の時間数に上限を設け、上限を超える申告を認めない等、労働者による労働時間の適正な申告を阻害する措置を講じてはならないこと。

　　また、時間外労働時間の削減のための社内通達や時間外労働手当の定額払等労働時間に係る事業場の措置が、労働者の労働時間の適正な申告を阻害する要因となっていないかについて確認するとともに、当該要因となっている場合においては、改善のための措置を講ずること。

　　さらに、労働基準法の定める法定労働時間や時間外労働に関する労使協定（いわゆる36協定）により延長することができる時間数を遵守することは当然であるが、実際には延長することができる時間数を超えて労働しているにもかかわらず、記録上これを守っているようにすることが、実際に労働時間を管理する者や労働者等において、慣習的に行われていないかについても確認すること。

(4)　賃金台帳の適正な調製

　　使用者は、労働基準法第108条及び同法施行規則第54条により、労働者ごとに、労働日数、労働時間数、休日労働時間数、時間外労働時間数、深夜労働時間数といった事項を適正に記入しなければならないこと。

　　また、賃金台帳にこれらの事項を記入していない場合や、故意に賃金台帳に虚偽の労働時間数を記入した場合は、同法第120条に基づき、30万円以下の罰金に処されること。

(5)　労働時間の記録に関する書類の保存

　　使用者は、労働者名簿、賃金台帳のみならず、出勤簿やタイムカード等の労働時間の記録に関する書類について、労働基準法第109条に基づき、3年間保存しなければならないこと。

(6)　労働時間を管理する者の職務

　　事業場において労務管理を行う部署の責任者は、当該事業場内における労働時間の適正な把握等労働時間管理の適正化に関する事項を管理し、労働時間管理上の問題点の把握及びその解消を図ること。

(7)　労働時間等設定改善委員会等の活用

　　使用者は、事業場の労働時間管理の状況を踏まえ、必要に応じ労働時間等設定改善委員会等の労使協議組織を活用し、労働時間管理の現状を把握の上、労働時間管理上の問題点及びその解消策等の検討を行うこと。

【参考資料③】

個人データの漏えい等の事案が発生した場合等の対応について
〔平成29年個人情報保護委員会告示第1号〕

　個人情報保護委員会は、「個人情報の保護に関する法律についてのガイドライン（通則編）」（平成28年個人情報保護委員会告示第6号。以下「通則ガイドライン」という。）を平成28年11月30日に公表した。

　通則ガイドラインの「4　漏えい等の事案が発生した場合等の対応」において、「漏えい等の事案が発生した場合等において、二次被害の防止、類似事案の発生防止等の観点から、個人情報取扱事業者が実施することが望まれる対応については、別に定める」こととしていたが、当該対応について次のとおり定める。

　本告示において使用する用語は、特に断りのない限り、通則ガイドラインにおいて使用する用語の例による。

　なお、特定個人情報の漏えい事案等が発覚した場合については、本告示によらず、「事業者における特定個人情報の漏えい事案等が発生した場合の対応について」（平成27年特定個人情報保護委員会告示第2号）による。

1．対象とする事案
　　本告示は、次の(1)から(3)までのいずれかに該当する事案（以下「漏えい等事案」という。）を対象とする。
　(1)　個人情報取扱事業者が保有する個人データ（特定個人情報に係るものを除く。）の漏えい、滅失又は毀損
　(2)　個人情報取扱事業者が保有する加工方法等情報（個人情報の保護に関する法律施行規則（平成28年10月5日個人情報保護委員会規則第3号）第20条第1号に規定する加工方法等情報をいい、特定個人情報に係るものを除く。）の漏えい
　(3)　上記(1)又は(2)のおそれ

2．漏えい等事案が発覚した場合に講ずべき措置
　　個人情報取扱事業者は、漏えい等事案が発覚した場合は、次の(1)から(6)に掲げる事項について必要な措置を講ずることが望ましい。
　(1)　事業者内部における報告及び被害の拡大防止
　　　責任ある立場の者に直ちに報告するとともに、漏えい等事案による被害が発覚時よりも拡大しないよう必要な措置を講ずる。
　(2)　事実関係の調査及び原因の究明
　　　漏えい等事案の事実関係の調査及び原因の究明に必要な措置を講ずる。
　(3)　影響範囲の特定
　　　上記(2)で把握した事実関係による影響の範囲を特定する。

(4) 再発防止策の検討及び実施

上記(2)の結果を踏まえ、漏えい等事案の再発防止策の検討及び実施に必要な措置を速やかに講ずる。

(5) 影響を受ける可能性のある本人への連絡等

漏えい等事案の内容等に応じて、二次被害の防止、類似事案の発生防止等の観点から、事実関係等について、速やかに本人へ連絡し、又は本人が容易に知り得る状態に置く。

(6) 事実関係及び再発防止策等の公表

漏えい等事案の内容等に応じて、二次被害の防止、類似事案の発生防止等の観点から、事実関係及び再発防止策等について、速やかに公表する。

3. 個人情報保護委員会等への報告

個人情報取扱事業者は、漏えい等事案が発覚した場合は、その事実関係及び再発防止策等について、個人情報保護委員会等に対し、次のとおり速やかに報告するよう努める。

(1) 報告の方法

原則として、個人情報保護委員会に対して報告する。ただし、法第47条第1項に規定する認定個人情報保護団体の対象事業者である個人情報取扱事業者は、当該認定個人情報保護団体に報告する。

上記にかかわらず、法第44条第1項に基づき法第40条第1項に規定する個人情報保護委員会の権限（報告徴収及び立入検査）が事業所管大臣に委任されている分野における個人情報取扱事業者の報告先については、別途公表するところによる（※1）。

（※1）法第44条第1項に基づき法第40条第1項に規定する個人情報保護委員会の権限が事業所管大臣に委任されている分野の詳細についても、別途公表するところによる。

(2) 報告を要しない場合

次の①又は②のいずれかに該当する場合は、報告を要しない（※2）。

（※2）この場合も、事実関係の調査及び原因の究明並びに再発防止策の検討及び実施をはじめとする上記2.の各対応を実施することが、同様に望ましい。

① 実質的に個人データ又は加工方法等情報が外部に漏えいしていないと判断される場合（※3）

（※3）なお、「実質的に個人データ又は加工方法等情報が外部に漏えいしていないと判断される場合」には、例えば、次のような場合が該当する。

・漏えい等事案に係る個人データ又は加工方法等情報について高度な暗号化等の秘匿化がされている場合

・漏えい等事案に係る個人データ又は加工方法等情報を第三者に閲覧されないうちに全てを回収した場合

・漏えい等事案に係る個人データ又は加工方法等情報によって特定の個人を識別することが漏えい等事案を生じた事業者以外ではできない場合（ただし、漏えい等

　　　　事案に係る個人データ又は加工方法等情報のみで、本人に被害が生じるおそれの
　　　　ある情報が漏えい等した場合を除く。）
　　・個人データ又は加工方法等情報の滅失又は毀損にとどまり、第三者が漏えい等事
　　　案に係る個人データ又は加工方法等情報を閲覧することが合理的に予測できない
　　　場合
② 　FAX若しくはメールの誤送信、又は荷物の誤配等のうち軽微なものの場合（※
　4）
　　（※4）なお、「軽微なもの」には、例えば、次のような場合が該当する。
　　　　・FAX若しくはメールの誤送信、又は荷物の誤配等のうち、宛名及び送信者名以
　　　　　外に個人データ又は加工方法等情報が含まれていない場合

【参考資料④】

「個人情報の保護に関する法律についてのガイドライン」及び「個人データの漏えい等の事案が発生した場合等の対応について」に関するＱ＆Ａ（抜粋）
〔平成29年２月16日（令和元年６月７日更新）個人情報保護委員会〕

5　個人データの漏えい等事案対応告示

> Ｑ12－1　漏えい等事案が発覚した場合に講ずべき措置の「(1)　事業者内部における報告及び被害の拡大防止」にある「責任ある立場の者」とは、どういう役職を想定していますか。

Ａ12－1　「責任ある立場の者」の役職は限定されていませんが、あらかじめ、取扱規程等により、漏えい等事案が発覚した場合の適切かつ迅速な報告連絡体制を整備しておくことが必要です。

> Ｑ12－2　漏えい等事案が発覚した場合に講ずべき措置の「(1)　事業者内部における報告及び被害の拡大防止」にある「漏えい等事案による被害が発覚時よりも拡大しないよう必要な措置を講ずる」とは、具体的には、どのような対応をとることが考えられますか。

Ａ12－2　例えば、外部からの不正アクセスや不正プログラムの感染が疑われる場合には、当該端末等のLANケーブルを抜いてネットワークからの切り離しを行うなどの措置を直ちに行うこと等が考えられます。

> Ｑ12－3　漏えい等事案が発覚した場合に講ずべき措置の「(3)　影響範囲の特定」にある「把握した事実関係による影響の範囲を特定する」とは、どういうことですか。

Ａ12－3　事案の内容によりますが、例えば、個人データの漏えいの場合は、漏えいした個人データに係る本人の数、漏えいした個人データの内容、漏えいした手段、漏えいした原因等を踏まえ、影響の範囲を特定することが考えられます。

> Ｑ12－4　漏えい等事案が発覚した場合に講ずべき措置の「(5)　影響を受ける可能性のある本人への連絡等」にある「本人が容易に知り得る状態に置く」とは、どういうことですか。

Ａ12－4　本人がアクセス（ログイン）できるホームページへの掲載や専用窓口の設置による対応などが考えられます。

Q 12 − 5 　漏えい等事案が発覚した場合に講ずべき措置の「(5)　影響を受ける可能性のある本人への連絡等」及び「(6)　事実関係及び再発防止策等の公表」について、「漏えい等事案の内容等に応じて」とされていますが、どのような場合に本人への連絡等や公表をしなくてもよいのですか。

A 12 − 5 　例えば、漏えい等事案に係る個人データ又は加工方法等情報について、第三者に閲覧されることなく速やかに回収した場合、高度な暗号化等の秘匿化がされている場合、漏えい等をした事業者以外では特定の個人を識別することができない場合であって本人に被害が生じるおそれがない場合など、漏えい等事案によって本人の権利利益が侵害されておらず、二次被害の防止の観点からも必要はないと認められる場合等には、本人への連絡等や公表を省略することも考えられます。

　なお、公表については、サイバー攻撃による場合等で、公表することでかえって被害の拡大につながる可能性があると考えられる場合にはこれを差し控え、専門機関等に相談することも考えられます。また、漏えい等事案の影響を受ける可能性のある本人全てに連絡がついた場合に公表を省略することも考えられます。

Q 12 − 6 　漏えい等事案が発生した場合、個人情報保護委員会には、どのような方法で報告すればよいですか。

A 12 − 6 　個人情報保護委員会のホームページに漏えい等事案の報告フォームを設置していますので、当該報告フォームから報告してください。なお、報告先が事業所管大臣又は認定個人情報保護団体となる場合は、当該報告先が定める方法に従ってください。
（令和元年 6 月更新）

Q 12 − 7 　「法第44条第 1 項に基づき法第40条第 1 項に規定する個人情報保護委員会の権限（報告徴収及び立入検査）が事業所管大臣に委任されている分野」とは、どの分野ですか。また、報告先はどこになりますか。

A 12 − 7 　法第44条第 1 項に基づき法第40条第 1 項に規定する個人情報保護委員会の権限（報告徴収及び立入検査）が事業所管大臣に委任されている分野及びその報告先については、個人情報保護委員会のホームページにおいて公表していますので、そちらをご参照ください。
（平成29年 5 月更新）

Q 12 − 8 　個人情報保護委員会等への報告を要しないと規定されている場合であっても、個人情報保護委員会等への報告を行うことは可能ですか。

A12-8　可能です。また、個人情報保護委員会等への報告を要しない場合に形式的に該当する場合であっても、漏えい等事案に係る個人データ又は加工方法等情報の件数が膨大であるなど社会的影響が大きいと考えられる事案の場合には、個人情報保護委員会等への報告を行うことが望ましいと考えられます。

Q12-9　委託先において漏えい等事案が生じた場合、委託先が個人情報保護委員会等への報告を行うことになりますか。

A12-9　委託先において漏えい等事案が発生した場合であっても、委託元が漏えい等事案に係る個人データ又は加工方法等情報について最終的な責任を有することに変わりありませんので、原則として、委託元が個人情報保護委員会等へ報告するよう努めていただきます。ただし、漏えい等事案に係る個人データ又は加工方法等情報の実際の取扱状況を知る委託先が報告の内容を作成したり、委託元及び委託先の連名で報告するといったことが妨げられるものではありません。

Q12-10　実質的に個人データ又は加工方法等が外部に漏えいしていないと判断される場合に該当する「漏えい等事案に係る個人データ又は加工方法等情報について高度な暗号化等の秘匿化がされている場合」とは、どのような場合が該当しますか。

A12-10　実質的に個人データ又は加工方法等情報が外部に漏えいしていないと判断される場合のうち、「高度な暗号化等の秘匿化がされている場合」に該当するためには、当該漏えい等事案が生じた時点の技術水準に照らして、漏えい等事案に係る情報について、これを第三者が見読可能な状態にすることが困難となるような暗号化等の技術的措置が講じられるとともに、そのような暗号化等の技術的措置が講じられた情報を見読可能な状態にするための手段が適切に管理されていることが必要と解されます。

　　第三者が見読可能な状態にすることが困難となるような暗号化等の技術的措置としては、適切な評価機関等により安全性が確認されている電子政府推奨暗号リストやISO/IEC 18033等に掲載されている暗号技術が用いられ、それが適切に実装されていることが考えられます。

　　また、暗号化等の技術的措置が講じられた情報を見読可能な状態にするための手段が適切に管理されているといえるためには、①暗号化した情報と復号鍵を分離するとともに復号鍵自体の漏えいを防止する適切な措置を講じていること、②遠隔操作により暗号化された情報若しくは復号鍵を削除する機能を備えていること、又は③第三者が復号鍵を行使できないように設計されていることのいずれかの要件を満たすことが必要と解されます。

Q 12 - 11　テンプレート保護技術（暗号化等の技術的措置を講じた生体情報を復号することなく本人認証に用いる技術）を施した個人識別符号が漏えいした場合も、個人情報保護委員会等への報告、本人への連絡等並びに事実関係及び再発防止策等の公表を行う必要がありますか。

A 12 - 11　テンプレート保護技術を施した個人識別符号について、高度な暗号化等の秘匿化（Q 12 - 10参照）がされており、かつ、当該個人識別符号が漏えいした場合に、漏えいの事実を直ちに認識し、テンプレート保護技術に用いる秘匿化のためのパラメータを直ちに変更するなど漏えいした個人識別符号を認証に用いることができないようにしている場合には、「実質的に個人データ又は加工方法等情報が外部に漏えいしていないと判断される場合」に該当し、個人情報保護委員会等への報告は不要と考えられます。

　なお、本人への連絡等並びに事実関係及び再発防止策等の公表については、事案に応じて必要な措置を講ずることとされています。

Q 12 - 12　取引先に荷物を送付するに当たり、誤って宛名票を二重に貼付してしまい、本来の送付先とは無関係の第三者の宛名情報が漏えいした場合も、「FAX 若しくはメールの誤送信、又は荷物の誤配等のうち軽微なものの場合」に該当し得ますか。

A 12 - 12　御指摘の場合も、誤って貼付した宛名票において、宛先及び送信者名以外に個人データ又は加工方法等情報が含まれていないのであれば、「FAX若しくはメールの誤送信、又は荷物の誤配等のうち軽微なものの場合」に該当すると考えられます。

【参考資料⑤】

利用者の指示に基づきサービス提供事業者自身の署名鍵により暗号化等を行う電子契約サービスに関するＱ＆Ａ
〔令和２年７月17日総務省・法務省・経済産業省〕

> 問１　電子署名及び認証業務に関する法律（平成12年法律第102号、以下「電子署名法」という。）における「電子署名」とはどのようなものか。

・　電子署名法における「電子署名」は、その第２条第１項において、デジタル情報（電磁的記録に記録することができる情報）について行われる措置であって、(1)当該情報が当該措置を行った者の作成に係るものであることを示すためのものであること（同項第１号）及び(2)当該情報について改変が行われていないかどうかを確認することができるものであること（同項第２号）のいずれにも該当するものとされている。

> 問２　サービス提供事業者が利用者の指示を受けてサービス提供事業者自身の署名鍵による電子署名を行う電子契約サービスは、電子署名法上、どのように位置付けられるのか。

・　近時、利用者の指示に基づき、利用者が作成した電子文書（デジタル情報）について、サービス提供事業者自身の署名鍵により暗号化等を行うサービスが登場している。このようなサービスについては、サービス提供事業者が「当該措置を行った者」（電子署名法第２条第１項第１号）と評価されるのか、あるいは、サービスの内容次第では利用者が当該措置を行ったと評価することができるのか、電子署名法上の位置付けが問題となる。

・　電子署名法第２条第１項第１号の「当該措置を行った者」に該当するためには、必ずしも物理的に当該措置を自ら行うことが必要となるわけではなく、例えば、物理的にはＡが当該措置を行った場合であっても、Ｂの意思のみに基づき、Ａの意思が介在することなく当該措置が行われたものと認められる場合であれば、「当該措置を行った者」はＢであると評価することができるものと考えられる。

・　このため、利用者が作成した電子文書について、サービス提供事業者自身の署名鍵により暗号化を行うこと等によって当該文書の成立の真正性及びその後の非改変性を担保しようとするサービスであっても、技術的・機能的に見て、サービス提供事業者の意思が介在する余地がなく、利用者の意思のみに基づいて機械的に暗号化されたものであることが担保されていると認められる場合であれば、「当該措置を行った者」はサービス提供事業者ではなく、その利用者であると評価し得るものと考えられる。

- そして、上記サービスにおいて、例えば、サービス提供事業者に対して電子文書の送信を行った利用者やその日時等の情報を付随情報として確認することができるものになっているなど、当該電子文書に付された当該情報を含めての全体を1つの措置と捉え直すことによって、電子文書について行われた当該措置が利用者の意思に基づいていることが明らかになる場合には、これらを全体として1つの措置と捉え直すことにより、「当該措置を行った者（＝当該利用者）の作成に係るものであることを示すためのものであること」という要件（電子署名法第2条第1項第1号）を満たすことになるものと考えられる。

問3　どのような電子契約サービスを選択することが適当か。

- 電子契約サービスにおける利用者の本人確認の方法やなりすまし等の防御レベルなどは様々であることから、各サービスの利用に当たっては、当該サービスを利用して締結する契約等の性質や、利用者間で必要とする本人確認レベルに応じて、適切なサービスを選択することが適当と考えられる。

【参考資料⑥】

利用者の指示に基づきサービス提供事業者自身の署名鍵により暗号化等を行う電子契約サービスに関するＱ＆Ａ（電子署名法第３条関係）
〔令和２年９月４日　総務省・法務省・経済産業省〕

【作成の経緯】

　利用者の指示に基づきサービス提供事業者自身の署名鍵により暗号化等を行う電子契約サービス⁽¹⁾については、本年７月17日、電子署名及び認証業務に関する法律（平成12年法律第102号、以下「電子署名法」という。）第２条に関する「利用者の指示に基づきサービス提供事業者自身の署名鍵により暗号化等を行う電子契約サービスに関するＱ＆Ａ」（以下「第２条関係Q&A」という。）を公表したものであるところ、今般、電子署名法第３条に関しても、本Q&Aを作成し公表することとした。

　電子契約サービスにおいて利用者とサービス提供事業者の間で行われる本人確認（身元確認、当人認証）等のレベルやサービス提供事業者内部で行われるプロセスのセキュリティレベルは様々であり、利用者はそれらの差異を理解した上で利用することが重要であるところ、本Q&Aには当該観点からのQ&Aも含めている。

　さらに、電子認証に関しては、近年、技術的な標準の検討が進んでおり、また、それぞれの国で制度化された電子認証の相互承認なども検討の視野に入るようになっていることなどを踏まえ、商取引の安定性や制度における要求事項に係る国際的整合性等を確保するために、国際標準との整合性や他の国の制度との調和なども踏まえた検討を行う必要がある。本Q&Aの作成に当たっても、国際標準との整合性等の観点も踏まえ、検討を行った。

　問１　電子署名法第３条における「本人による電子署名（これを行うために必要な符号及び物件を適正に管理することにより、本人だけが行うことができることとなるものに限る。）」とは、どのようなものか。

・　電子署名法第３条の規定は、電子文書（デジタル情報）について、本人すなわち当該電子文書の作成名義人による電子署名（これを行うために必要な符号及び物件を適正に管理することにより、本人だけが行うことができることとなるものに限る。）が行われていると認められる場合に、当該作成名義人が当該電子文書を作成したことが推定されることを定めるものである。

・　この電子署名法第３条の規定が適用されるためには、次の要件が満たされる必要がある。

---

(1)　本Q&Aにおける「利用者の指示に基づきサービス提供事業者自身の署名鍵により暗号化等を行う電子契約サービス」には、例えば、電子契約において電子署名を行う際にサービス提供事業者が自動的・機械的に利用者名義の一時的な電子証明書を発行し、それに紐付く署名鍵により暗号化等を行う電子契約サービスを含むものとする。

① 電子文書に電子署名法第3条に規定する電子署名が付されていること。

② 上記電子署名が本人（電子文書の作成名義人）の意思に基づき行われたものであること。

・ まず、電子署名法第3条に規定する電子署名に該当するためには、同法第2条に規定する電子署名に該当するものであることに加え、「これ（その電子署名）を行うために必要な符号及び物件を適正に管理することにより、本人だけが行うことができることとなるもの」に該当するものでなければならない（上記①）。

・ このように電子署名法第3条に規定する電子署名について同法第2条に規定する電子署名よりもさらにその要件を加重しているのは、同法第3条が電子文書の成立の真正を推定するという効果を生じさせるものだからである。すなわち、このような効果を生じさせるためには、その前提として、暗号化等の措置を行うための符号について、他人が容易に同一のものを作成することができないと認められることが必要であり（以下では、この要件のことを「固有性の要件」などという。）、そのためには、当該電子署名について相応の技術的水準が要求されることになるものと考えられる。したがって、電子署名のうち、例えば、十分な暗号強度を有し他人が容易に同一の鍵を作成できないものである場合には、同条の推定規定が適用されることとなる。

・ また、電子署名法第3条において、電子署名が「本人による」ものであることを要件としているのは、電子署名が本人すなわち電子文書の作成名義人の意思に基づき行われたものであることを要求する趣旨である（上記②）。

> 問2　サービス提供事業者が利用者の指示を受けてサービス提供事業者自身の署名鍵による暗号化等を行う電子契約サービスは、電子署名法第3条との関係では、どのように位置付けられるのか。

・ 利用者の指示に基づき、利用者が作成した電子文書について、サービス提供事業者自身の署名鍵による暗号化等を行う電子契約サービスについては、第2条関係Q&Aにより電子署名法第2条に関する電子署名法上の位置付けを示したところであるが、更に同法第3条に関する位置付けが問題となる。

・ 上記サービスについて、電子署名法第3条が適用されるためには、問1に記載したとおり、同サービスが同条に規定する電子署名に該当すること及び当該電子署名が本人すなわち電子文書の作成名義人の意思に基づき行われたことが必要となる。

・ このうち、上記サービスが電子署名法第3条に規定する電子署名に該当するためには、その前提として、同法第2条第1項に規定する電子署名に該当する必要がある。こ

の点については、第2条関係Q&Aにおいて、既に一定の考え方を示したとおり、同サービスの提供について、技術的・機能的に見て、サービス提供事業者の意思が介在する余地がなく、利用者の意思のみに基づいて機械的に暗号化されたものであることが担保されているものであり、かつサービス提供事業者が電子文書に行った措置について付随情報を含めて全体を1つの措置と捉え直すことによって、当該措置が利用者の意思に基づいていることが明らかになる場合には、同法第2条第1項に規定する電子署名に該当すると考えられる。

・　その上で、上記サービスが電子署名法第3条に規定する電子署名に該当するには、更に、当該サービスが本人でなければ行うことができないものでなければならないこととされている。そして、この要件を満たすためには、問1のとおり、同条に規定する電子署名の要件が加重されている趣旨に照らし、当該サービスが十分な水準の固有性を満たしていること（固有性の要件）が必要であると考えられる。

・　より具体的には、上記サービスが十分な水準の固有性を満たしていると認められるためには、①利用者とサービス提供事業者の間で行われるプロセス及び②①における利用者の行為を受けてサービス提供事業者内部で行われるプロセスのいずれにおいても十分な水準の固有性が満たされている必要があると考えられる。

・　①及び②のプロセスにおいて十分な水準の固有性を満たしているかについては、システムやサービス全体のセキュリティを評価して判断されることになると考えられるが、例えば、①のプロセスについては、利用者が2要素による認証を受けなければ措置を行うことができない仕組みが備わっているような場合には、十分な水準の固有性が満たされていると認められ得ると考えられる。2要素による認証の例としては、利用者が、あらかじめ登録されたメールアドレス及びログインパスワードの入力に加え、スマートフォンへのSMS送信や手元にあるトークンの利用等当該メールアドレスの利用以外の手段により取得したワンタイム・パスワードの入力を行うことにより認証するものなどが挙げられる。

・　②のプロセスについては、サービス提供事業者が当該事業者自身の署名鍵により暗号化等を行う措置について、暗号の強度や利用者毎の個別性を担保する仕組み（例えばシステム処理が当該利用者に紐付いて適切に行われること）等に照らし、電子文書が利用者の作成に係るものであることを示すための措置として十分な水準の固有性が満たされていると評価できるものである場合には、固有性の要件を満たすものと考えられる。

・　以上の次第で、あるサービスが電子署名法第3条に規定する電子署名に該当するか否かは、個別の事案における具体的な事情を踏まえた裁判所の判断に委ねられるべき事柄ではあるものの、一般論として、上記サービスは、①及び②のプロセスのいずれについ

ても十分な水準の固有性が満たされていると認められる場合には、電子署名法第３条の
電子署名に該当するものと認められることとなるものと考えられる。したがって、同条
に規定する電子署名が本人すなわち電子文書の作成名義人の意思に基づき行われたと認
められる場合には、電子署名法第３条の規定により、当該電子文書は真正に成立したも
のと推定されることとなると考えられる。

（参考）
・　あるサービスが、①及び②のプロセスのいずれについても十分な水準の固有性を満たしているか
　　は、サービス毎に評価が必要となるが、評価するための参考となる文書について以下に例示する。
・　①のプロセスにおいて、固有性の水準の参考となる文書の例。
　・　NIST、「NIST Special Publication 800-63-3 Digital Identity Guidelines」、2017年６月
　・　経済産業省、「オンラインサービスにおける身元確認手法の整理に関する検討報告書」、2020
　　　年４月
　・　各府省情報化統括責任者（CIO）連絡会議決定、「行政手続におけるオンラインによる本人
　　　確認の手法に関するガイドライン」、2019年２月
・　②のプロセスにおいて、固有性の水準の参考となる文書の例。
　・　NIST、「NIST Special Publication 800-130A Framework for Designing Cryptographic Key
　　　Management Systems」、2013年８月
　・　CRYPTREC、「暗号鍵管理システム設計指針（基本編）」、2020年７月
　・　日本トラストテクノロジー協議会（JT2A）リモート署名タスクフォース、「リモート署名ガ
　　　イドライン」、2020年４月
　・　総務省・法務省・経済産業省告示、「電子署名及び認証業務に関する法律に基づく特定認証
　　　業務の認定に係る指針」

問３　サービス提供事業者が利用者の指示を受けてサービス提供事業者自身の署名鍵
　　　による暗号化等を行う電子契約サービスが電子署名法第３条の電子署名に該当する
　　　場合に、「これを行うために必要な符号及び物件を適正に管理すること」とは、具
　　　体的に何を指すことになるのか。

・　「これを行うために必要な符号及び物件を適正に管理すること」の具体的内容につい
　ては、個別のサービス内容により異なり得るが、例えば、サービス提供事業者の署名鍵
　及び利用者のパスワード（符号）並びにサーバー及び利用者の手元にある２要素認証用
　のスマートフォン又はトークン（物件）等を適正に管理することが該当し得ると考えら
　れる。

問４　電子契約サービスを選択する際の留意点は何か。

・　実際の裁判において電子署名法第３条の推定効が認められるためには、電子文書の作

成名義人の意思に基づき電子署名が行われていることが必要であるため、電子契約サービスの利用者と電子文書の作成名義人の同一性が確認される（いわゆる利用者の身元確認がなされる）ことが重要な要素になると考えられる。

・　この点に関し、電子契約サービスにおける利用者の身元確認の有無、水準及び方法やなりすまし等の防御レベルは様々であることから、各サービスの利用に当たっては、当該各サービスを利用して締結する契約等の重要性の程度や金額といった性質や、利用者間で必要とする身元確認レベルに応じて、適切なサービスを慎重に選択することが適当と考えられる。

【参考資料⑦】

これからのテレワークでの働き方に関する検討会報告書
〔令和2年12月25日 厚生労働省〕

第1 はじめに

○ 本年春の新型コロナウイルス感染症対策として、非常に多くの企業において新たにテレワーク[(1)]が実施されることとなった。テレワークについては、これまでも、例えば厚生労働省では、平成30年に働き方改革実行計画（平成29年3月28日働き方改革実現会議決定）を踏まえた「情報通信技術を利用した事業場外勤務の適切な導入及び実施のためのガイドライン」（平成30年2月22日厚生労働省）（以下「テレワークガイドライン」という。）の改定や、テレワークに関する助成金の支給が行われるなど、その推進のために各種の施策が講じられてきた。

○ 新型コロナウイルス感染症の拡大による緊急事態宣言（令和2年4月7日から同年5月25日まで）を契機に、急速にテレワークが広まったが、テレワークは緊急事態宣言解除後減少しているという調査結果[(2)]もある。しかしながら、ウィズコロナ・ポストコロナの時代も見据えると、テレワークの役割はますます重要であり、使用者が適切に労務管理を行いながら、労働者が安心して働くことのできる形で良質なテレワークを推進し、定着させていくことが必要である。

○ 本検討会は令和2年8月17日から5回にわたり議論を重ね、今般その議論の結果をとりまとめた。本検討会では、企業からのヒアリング、テレワークの労務管理等に関する実態調査の結果（速報）や諸外国におけるテレワーク法制の概観についての報告等があり、これらも踏まえてテレワークでの働き方に関する課題及び対応方針について議論を行った。

第2 テレワークをめぐる状況

○ 「テレワークの労務管理等に関する実態調査」[(3)]（以下「テレワーク実態調査」という。）の結果として、主に以下のような内容について報告があった。

---

(1) テレワークとは、労働者が情報通信技術を利用して行う事業場外勤務をいう。在宅勤務、サテライトオフィス勤務、モバイル勤務といった分類がある。
(2) JILPT「新型コロナウイルス感染拡大の仕事や生活への影響に関する調査」（調査期間令和2年8月1日〜7日）
(3) 厚生労働省委託事業「令和2年度 テレワークの労務管理に関する総合的実態研究事業」による「テレワークの労務管理等に関する実態調査」（速報版）三菱UFJリサーチ＆コンサルティング実施。（以下「テレワーク実態調査」という。本検討会第4回資料1）

(1) 企業調査

- ・ 企業規模が大きくなるほど、テレワークの導入率が高くなる傾向がある。業種別に見ると、情報通信業が圧倒的に高く、医療・福祉等は低い等、テレワークを実施している業種にはばらつきがある。

- ・ 企業がテレワークを導入・実施していない理由としては、「できる業務が限られているから」「情報セキュリティの確保が難しいから」「紙の書類・資料が電子化されていないから」等の割合が高かった。

- ・ また、テレワークをそれまでに既に導入・実施していた企業の倍以上の企業が、新型コロナウイルス感染症の流行を機に初めてテレワークを導入・実施していた。

- ・ テレワークの導入・実施により生じたと企業が感じた効果としては、「従業員の通勤負担の軽減」「自然災害・感染症流行時等における事業継続性の確保」「家庭生活を両立させる従業員への対応・離職防止」等の割合が高かった。

- ・ テレワーク時の勤怠管理については、いずれの労働時間制度においても、「電子ファイルの出勤簿等に自己申告で記入する」「上長等に対してメールによる報告を行う」という方法をとっている割合が高かった。

- ・ テレワークをする従業員に、企業が貸与又は費用負担しているものとしては、パソコン、パソコンの周辺機器、スマートフォン・携帯電話、インターネット接続のための通信機器、タブレット端末等が多い。一部、一定額の手当を支給している企業も存在した。

- ・ 新型コロナウイルス感染症の影響により、テレワークをやってみたことで感じた良い変化、新たな気づきとしては、「管理職や経営層の間でテレワークの利用が進んだ、理解が深まった」が多かった。

- ・ 企業がテレワークで感じた課題としては、「できる業務が限られている」「従業員同士の間でコミュニケーションが取りづらい」「紙の書類・資料が電子化されていない」等の割合が高かった。

- ・ テレワークに関して、企業が行政に求める支援策については、「テレワーク導入のための費用の助成」のほか、「テレワーク導入に関するマニュアル・ガイドラインなどの提供」「テレワークの導入に関する好事例の情報提供」が多かった。

(2) 従業員調査

- ・ テレワークのメリットとして、「通勤時間を節約することができる」「通勤による心身の負担が少ない」「隙間時間などを有効活用することができる」等が挙げられた。一方、テレワークのデメリットとしては、「同僚や部下とのコミュニケーションがとりにくい」「上司とのコミュニケーションがとりにくい」「在宅勤務で可能な業務が限られる」等の割合が高かった。

- ・ 新型コロナウイルス感染症の影響により、テレワークをやってみたことで「出社しないとできないと思われていた仕事もテレワークで可能であると気付けた」「出張や外出をしなければならない仕事でもテレワークで可能であると気付けた」

と思った者が多かった。

・ また、新型コロナウイルス感染症の影響等によりテレワークを実施した者の大半が継続してテレワークを実施することを希望しており、テレワークを実施していない者の中にも、テレワークをしてみたいと思っている者が多く存在した。

第3 今後の対応について
(1) テレワークの推進について

○ テレワークは、ウィズコロナ・ポストコロナの「新しい生活様式」に対応した働き方であると同時に、時間や場所を有効に活用できる働き方であり、今後とも良質なテレワークの導入・定着を図ることが重要である。また、テレワークの環境整備を進めることによって、より良い人材確保につながることや、企業の境界を越えた協働が促進されることにより、新たな付加価値を生み出すなど、イノベーションが推進されること、そしてDX（デジタルトランスフォーメーション）の推進にもつながることといったメリットもある。

○ テレワーク実態調査（従業員調査）によると、テレワークを活用するために必要なこととしては、「職場の方針としてテレワークを積極的に活用しようとすること」「ペーパーレス化の推進」「電子申請や電子決裁の導入により紙書類への押印をなくすこと」等の割合が高い[4]。これらはいずれも、企業のトップや経営層の理解が不可欠であり、企業が方針を示すなど企業全体として取り組む必要がある。機材や設備が整えば、企業の方針によりテレワークは広く実施できるものである。さらに、テレワークの導入・定着は取引先との関係等にも左右されることから、グループ企業などの垂直関係、また業界単位などの水平関係も含めたテレワークの実施の呼びかけ等を進めていくことが重要である。また、テレワークの導入に当たっては、労務管理上のルール等について労使でよく話し合いを行うことが重要である。

○ テレワークができる社内環境は、育児や介護等を行いながら働く方の離職防止につながり、貴重な人材の流出防止にも資するものであるが、テレワーク実態調査において、新型コロナウイルス感染症の影響等により実際にテレワークを行った者の大半が継続してテレワークを実施することを希望していることを踏まえれば[5]、テレワークは育児や介護等に対応しながら働く労働者だけでなく、誰もが選択でき、皆が生産性を高めて働くことができる新しい働き方として、その推進を図ることが

---

(4) テレワーク実態調査「テレワークを活用するために必要なこと（従業員調査）」
「職場の方針としてテレワークを積極的に活用しようとすること」（53.8%）、「ペーパーレス化の推進」（53.2%）、「電子申請や電子決裁の導入により紙書類への押印をなくすこと」（44.2%）等。
(5) テレワーク実態調査「テレワーク実施者の今後の継続意向／非実施者の実施意向（従業員調査）」
「今後テレワークの実施を希望する者（テレワーク実施者）」（87.2%）、「今後テレワークの実施を希望する者（テレワーク非実施者）」（46.1%）

適当である。

(2) 行政の対応について

○　テレワーク推進のためには、企業がテレワークを導入・実施するに当たって活用できるわかりやすいマニュアルが必要であり、また、導入・実施に際しての留意点等を記したテレワークガイドラインを、本報告書を踏まえて見直していくことが適当である。テレワークガイドラインの改定に当たっては、テレワークのメリットが十分に伝わるようにしつつ、企業が良質なテレワークを積極的に導入できるようなものにするべきである。さらに、これまで、テレワークガイドラインはテレワークの場合における労働時間管理に関する留意事項等の記載を主としていたが、使用者が労働時間管理のみならず、人材育成や人事評価等も含めた適切な労務管理を行うとともに、労働者が安心して働くことができるよう、労務管理全般の記載を追加する等、企業や労働者が初めてテレワークを導入する際にも、どのように進めていけばよいのかがわかるものにするべきである。

○　また、テレワークの導入を促進するためには、ノウハウの展開も非常に重要である。各企業が参考にできるよう、例えばテレワークを初めて導入する企業の事例、中小企業の事例、テレワークになじみにくい業種の企業が部分的にでもテレワークを導入・実施している事例などを展開していくことが必要である。特に人事評価や人材育成といった側面については、好事例の周知が重要であり、厚生労働省においては、テレワークガイドラインの改定に加えて、事例集の作成・周知による好事例の横展開等の対応が期待される。

○　この他、テレワークの導入について不明点等がある場合に相談できるよう、テレワーク相談センターにおけるテレワークの導入・実施時の労務管理上の課題等についての相談支援、専門相談員の訪問コンサルティング等を充実することが必要である。また、テレワーク総合ポータルサイト等において、好事例をわかりやすく周知することも必要である。さらに、テレワーク用通信機器の導入の支援等については、中小企業事業主向けの助成金等の周知が必要である。

第4　個別の論点について

(1) テレワークの対象者を選定する際の課題について

① テレワークの対象業務について

○　全員がテレワーク可能である企業がある一方、一定数の出社が必要な企業、また業務の性質上テレワークを実施するのが難しい業種・職種がある[6]。しかしな

---

[6]　軽作業、販売業、警備・清掃業、建築等、製造、ドライバー、理美容、医療・福祉専門職等（本検討会第1回参考資料）

がら、一般にテレワークを行うことが難しい業種・職種であってもテレワークを実施できる場合があり、必ずしも既存の業務を前提にテレワークの対象業務を選定するのではなく、仕事内容の本質的な見直しを行うことが有用である場合がある。「テレワークに適さない業種なのでテレワークは行わない」と安易に結論づけるのではなく、経営者側の意識を変えることや、業務の見直しを検討することが望ましい。なお、いわゆるエッセンシャルワーカー等出社せざるをえない職種があることについては十分留意する必要がある。

② テレワークの対象者の選定について
○ 内閣府の調査等[7]によると、非正規雇用労働者と正規雇用労働者の間には、テレワーク実施率に差が生じている。正規雇用労働者のみをテレワークの対象とし、非正規雇用労働者にはテレワークを認めていないケースもあると考えられる[8]。

短時間労働者及び有期雇用労働者の雇用管理の改善等に関する法律（平成5年法律第76号）及び労働者派遣業の適正な運営の確保及び派遣労働者の保護等に関する法律（昭和60年法律第88号。以下「労働者派遣法」という。）に基づき、同一企業内において、正規雇用労働者と非正規雇用労働者との間で、あらゆる待遇について不合理な差を設けてはならないこととされている。企業においては、正規雇用労働者、非正規雇用労働者といった雇用形態の違いのみを理由としてテレワーク対象者を分けることのないよう留意する必要がある。

○ 雇用形態にかかわらず、職種等の要因により、企業内でテレワークを実施できる者に偏りが生じてしまう場合においては、労働者間で納得感を得られるよう、テレワークを実施する者の優先順位やテレワークを行う頻度等について労使で話し合いを行うことが望ましい。

○ また、在宅での勤務は集中できない等の理由から、テレワークという働き方を希望しない労働者がいる場合もある。労働者側と、使用者側とでテレワークの実施に関する考え方のミスマッチが生じないよう、労使における話し合いの機会を持つことが重要である。また、在宅での勤務は集中できない等の場合については、サテライトオフィス等を使用してテレワークを行うことも有効な対応策であると考えられる。

---

(7) 内閣府「新型コロナウイルス感染症の影響下における生活意識・行動の変化に関する調査」（令和2年6月）「雇用形態別 テレワーク実施状況」
正規雇用労働者は42.2%、非正規雇用労働者は18.0%がテレワークを経験。
(8) なお、非正規雇用労働者のうち、契約社員や派遣社員についてはテレワークを実施できている割合は比較的高いという調査結果もある。（本検討会第1回 萩原委員提出資料）

○ 特に新入社員、中途採用の社員及び異動直後の社員は、仕事の進め方がわからず上司や同僚等に聞きたいことが多く、不安が大きい場合がある。業務を円滑に進めるためには、対面と比較してコミュニケーションが取りづらい側面のあるテレワークのみではなく、出社と組み合わせる等の対応が考えられる。

(2) テレワークの実施に際しての労務管理上の課題について
　① 人事評価
　　○ テレワークは、非対面の働き方であるため、出社する働き方と比較し、労働者個々人の業務遂行状況や、成果を生み出す過程で発揮される能力を把握しづらいという側面がある。

　　○ 人事評価は、企業が労働者に対してどのような働きを求めるかという観点から企業がその手法について決定することが基本となっており、企業の裁量が大きい。特にテレワークにおいては、前述のとおり、労働者個々人の業務遂行状況や能力等を把握しづらい側面があることからも、企業が、人事評価に関する具体的なルールを決めて、これを遵守すること、また、評価制度の趣旨や評価対象・評価手法等の具体的内容について労働者に説明することが望ましい。

　　○ 専らテレワークで業務を行う労働者等、職場に出勤する頻度の低い労働者については、人事評価等について、評価者及び被評価者が懸念を抱くことのないように、評価制度及び賃金制度を明確にすることが望ましい。

　　○ 評価対象は企業により様々である。上司は、部下に求める内容や水準等を予め具体的に示しておくとともに、評価対象期間中には、必要に応じてその達成状況等について労使共通の認識を持つための機会を柔軟に設けることが望ましい。特に、行動面や勤務意欲、態度等の情意面を評価する企業は、評価対象となる具体的な行動等の内容や評価の方法を予め見える化し、具体的に示すことが重要である（例えば、「チームへの貢献」を評価する場合、「メール等によりチーム員へ情報提供を行うこと」が、評価対象となる具体的な行動のひとつであることを示す等）。加えて、人事評価の評価者に対しても、非対面での働き方において適正な評価を実施できるよう、評価者に対する訓練等の機会を設ける等の工夫が考えられる。

　　○ テレワークを行う場合の人事評価方法を、出社の場合の評価方法と区別する際は、誰もがテレワークを行えるようにすることの妨げにならないように留意しつつ設定する必要がある。
　　　また、テレワークを行わずに出社していることのみを理由として、出社してい

る労働者を高く評価すること等は、労働者がテレワークを行おうとすることの妨げになるものであり、適切な人事評価とはいえない。テレワークを行う者に対し、時間外・休日・深夜のメール等に対応しなかったことのみを理由として不利益な人事評価を行うこともまた適切とはいえない。

② 費用負担
○ テレワークを行うことによって生じる費用（通信費、機器費用、サテライトオフィス使用料等）については、通常の勤務と異なり、テレワークを行う労働者がその費用を負担することがあり得ることから、労使のどちらがどのように負担するか、また、使用者が負担する場合の限度額、労働者が請求する場合の請求方法等については、あらかじめ労使で十分に話し合い、就業規則等において定めておくことが望ましい。

○ テレワークに要する費用負担については、個々の企業ごとの業務内容、物品の貸与状況等により、その状況は様々である⁽⁹⁾。このため、企業ごとの状況に応じたルールを定めて、そのルールを遵守することが必要であり、労働者を採用する際やテレワークを導入する際に、適切な費用負担となるようその取扱いについて、労使でよく話し合うことが望ましい。あわせて、在宅勤務の場合には、その頻度も踏まえ、作業に適した机や椅子の購入費用の負担、勤務先で使用している設備の自宅での使用など、作業実態に応じた適切な対応について、労使で話し合うことが望ましい。

○ 在宅勤務に伴い、労働者の個人的な電話回線等を用いて業務を行わせる場合、通話料、インターネット利用料などの通信費が増加することが考えられる。また、労働者の自宅の電気料金等が増加することも考えられる。これらの場合には、その実際の費用のうち業務のために要した費用（実費）の金額を、在宅勤務の実態（勤務時間等）を踏まえて合理的・客観的に計算し、支給することも考えられる。

③ 人材育成
(ア) テレワーク状況下における人材育成
○ 特に新入社員、中途採用及び異動直後の社員等に対し、対面でのOJTを行わずにオンラインのみで必要な研修・教育を行うことは困難である、本人にとっても質問がしにくく不安が大きい場合がある、との声がある。人材育成に

---

(9) テレワークの実施自体が労働者の希望に基づいて行われているものか、機材等が業務以外では使い道がないか、業務外も含めた労働者の生活との結びつきが深いものか等によっても扱いが異なる。

ついては、実際に仕事をする人の姿を見て学ぶことが重要という側面があり、意識的に対面の状況下でOJTを行うなどの工夫が必要である。

○ その一方で、オンラインでの方法を用いた場合には、オンラインの特性を活かした人材育成が可能となる場合もあり（例 先輩社員の営業の姿を大人数の後輩社員がオンラインで見て学ぶ・動画にしていつでも学べるようにする等）、状況に応じて、オンラインと対面の方法を組み合わせて実施することも有用である。

(イ) テレワークを実施するための人材育成

○ テレワークの特性を踏まえると、例えば、積極的・自律的に情報収集、課題把握、課題解決ができる、自分で適切に時間管理を行うことができるなど、自律的に業務を遂行できる人材の育成に企業が取り組むことが望ましい。併せて、労働者が自律的に働くことができるよう、管理職によるマネジメントが行われることが重要であり、テレワークを実施する際には、適切な業務指示ができるようにする等、管理職のマネジメント能力向上に取り組むことも望ましい。例えば、テレワークを行うに当たっては、仕事の進め方として最初に方針を示す等、部下が自律的に仕事を進めることができるような指示の仕方を可能とすること等が考えられる。

○ テレワークを実施する際には、新たな機器やオンライン会議ツール等を使用する場合があり、一定のITスキルを習得する必要がある場合があることから、特にテレワーク導入初期の段階等には必要な研修等を行うことも有用である。

(3) テレワークの場合における労働時間管理の在り方について

○ テレワークは、働く場所や時間を柔軟に活用することが可能であり、業務を効率的に行える側面がある一方、集中して作業に従事した結果、長時間労働になる可能性があり、過度な長時間労働にならないように留意することが重要である。また、労働者が労働時間を過少申告することがないよう、健康管理の観点からも、使用者は労働時間を適切に把握することが必要である。

○ 一方で、例えば、使用者が個々の労働者の仕事の遂行状況を常時把握・管理するような方法は、あまり現実的ではない場合もあり、またテレワークのメリットを失うことになりかねないという点についても留意が必要である。長時間労働にならないようにしつつ、労働時間の管理方法について労使で話し合ってルールとして定めておくことも重要である。

○ テレワークの場合における労働時間管理について、労使双方にとって負担感のな

い、簡便な方法で把握・管理できるようにする観点から、成長戦略会議の実行計画（令和2年12月1日）において指摘されているように、自己申告された労働時間が実際の労働時間と異なることを客観的な事実により使用者が認識している場合を除き、労働基準法との関係で、使用者は責任を問われないことを明確化する方向で検討を進めることが適当である。

○　また、テレワークを自宅で行う際には生活の場所で仕事を行うという性質上、中抜けが生ずることも想定される。このことから、取扱いについて混乱が生じないよう、中抜け時間があったとしても、労働時間について、少なくとも始業時間と終業時間を適正に把握・管理すれば、労働基準法の規制との関係で、問題はないことを確認しておくことが適当である。

○　企業がテレワークを積極的に導入するよう、テレワークガイドラインにおいては、テレワークの特性に適した労働時間管理として、フレックスタイム制、事業場外みなし労働時間制がテレワークになじみやすい制度であることを示すことが重要である。

○　事業場外みなし労働時間制については、制度を利用する企業や労働者にとって、その適用の要件がわかりやすいものとなるよう、具体的な考え方をテレワークガイドラインにおいて明確化する必要がある。

○　規制改革実施計画（令和元年6月21日閣議決定）において指摘されているように、現行のテレワークガイドラインには所定労働時間内の労働を深夜に行うことまで原則禁止としているという誤解を与えかねない表現がある。「原則禁止」との誤解を与えないようにしつつ、長時間労働対策の観点も踏まえてどのようにテレワークガイドラインに記載するかについては、労働者において深夜労働等を会社に原則禁止としてほしいという一定のニーズがあることも踏まえながら[10]、工夫を行う必要がある。

　　その一方で、たとえ個人が深夜労働を選択できたとしても、他者は業務時間ではない場合もあることに配慮し、プライベートを侵害しないようにすることも重要である。

○　フランスでは、労使交渉において、いわゆる「つながらない権利」を労働者が行使する方法を交渉することとする立法が2016年になされ、「つながらない権利」を

---

[10]　テレワーク実態調査「テレワーク（在宅勤務）時の労働時間の報告、所定外労働・深夜労働・休日出勤に対するニーズ従業員調査）」
　「所定外労働が可能であってほしい」（33.5％）「所定外労働を原則禁止にしてほしい」（12.0％）、「深夜労働が可能であってほしい」（14.7％）、「深夜労働を原則禁止にしてほしい」（30.8％）等

定める協定の締結が進んでいる。テレワークは働く時間や場所を有効に活用でき、育児等がしやすい利点がある反面、生活と仕事の時間の区別が難しいという特性がある。このため、労働者が「この時間はつながらない」と希望し、企業もそのような希望を尊重しつつ、時間外・休日・深夜の業務連絡の在り方について労使で話し合い、使用者はメールを送付する時間等について一定のルールを設けることも有効である。例えば、始業と終業の時間を明示することで、連絡しない時間を作ることや、時間外の業務連絡に対する返信は次の日でよいとする等の手法をとることがありうる。

　労使で話し合い、使用者は過度な長時間労働にならないよう仕事と生活の調和を図りながら、仕事の場と私生活の場が混在していることを前提とした仕組みを構築することが必要である。

○　このほか、勤務間インターバル制度は、テレワークにおいても長時間労働を抑制するための手段の一つとして考えられ、この制度を利用するアプローチもある。

(4)　テレワークの際の作業環境や健康状況の管理・把握、メンタルヘルスについて
　○　テレワークの実施には大きなメリットがある一方、在宅勤務の場合、日常生活を行う場で仕事を行うこととなるため、テレワークを行う労働者は心身にストレスを感じるのではないかとの指摘がある。また、テレワーク中心の働き方をする場合、周囲に同僚や上司がおらず、対面の場合と比較してコミュニケーションが取りづらい場合があるため、業務上の不安や孤独を感じること等により、心身の健康に影響を与えるおそれがあり、また、その変化に気づきにくい。メンタルヘルスの不調や、その重症化を防ぐために、オンライン上で双方向のコミュニケーションを取りやすくすることなどにより、職場の上司、同僚、産業医等に相談しやすい環境を作ることが重要である。

　○　テレワーク実態調査によると、企業はテレワーク時に作業環境については確認を行っていないという回答が多かった[11]。特に、自宅での作業環境については、パソコンの配置や照明、温・湿度環境について事業主による管理が行き届かないことがある。どのような状況であれば適切な作業環境が確保されているといえるのかについて、チェックリストの活用など労働者自らが容易に確認可能な方法により、労使が協力してテレワークを行う労働者の自宅の作業環境を確認し、改善を図ることが重要である。

　　また、雇入れ時などに行う安全衛生教育、健康診断や長時間労働者に対する面接指導等の健康管理、ストレスチェック等のメンタルヘルス対策については、働く場

所にかかわらず実施する必要がある。このため、テレワークを行う労働者に対して、これらの措置を講ずるに当たり、事業主が留意すべき事項をチェックリストなどわかりやすい形で示す必要がある。

○　この他、自宅が狭隘であるなどテレワークを実施するために必要な作業環境の整備が困難である場合や、生活と仕事の線引きが困難になることにより問題が生じる場合もあり、そのような場合には、サテライトオフィス等を活用することが有効であると考えられる。
　　各企業においては、サテライトオフィス等を使用する場合の考え方について、企業としてルールを定めておくことが望ましい。

(5)　その他
（テレワークを推進するための有効な方策）
○　テレワークをしやすい業種・職種であっても、企業・職場の文化として、対面での会議が主流である場合や、書類のペーパーレス化が進んでいない場合はテレワークの導入・実施が難しいことがある。また、不必要な押印や署名がテレワークの導入・実施の障壁となっているケースがあるため、不必要な押印や署名の廃止、書類のペーパーレス化、決裁の電子化等が期待される。また、仕事の進め方として、資料を紙で用意して上司に相談する必要がある場合などは、テレワークを行う障壁となっている場合があり、意識改革をはじめ、業務のやり方の見直しも期待される。

○　情報セキュリティに対する不安のため、テレワークが導入されていない場合もある。このような場合には、情報セキュリティの観点から全ての業務を一律にテレワークの対象外と判断するのではなく、関連技術の進展状況等を踏まえ、解決方法の検討や業務毎に個別に判断することが必要である。また、企業・労働者が情報セキュリティ対策に不安を感じないよう、総務省が作成している「テレワークセキュリティガイドライン」を活用した対策の実施や従業員への教育等を行う必要がある。

（テレワークを実施する際に発生しうる問題への対処）
○　テレワーク実施中にも、パワーハラスメントやセクシュアルハラスメント等が起きることがあり、そのことが共通認識としてまだ十分に浸透しているとはいえないので、テレワークガイドライン等においても示していく必要がある。

○　また、派遣労働者についても、円滑にテレワークが実施できるよう、テレワークを行う際の労働者派遣法上の留意事項についてテレワークガイドラインにおいても示すべきである。

○ テレワークを行っている場合にも、労働契約に基づいて事業主の支配下にあることによって生じた業務上の災害については、労災保険給付の対象となることを引き続き周知し、事業主が災害発生状況等を正確に把握できるよう、労働者が当該状況を記録しておくこと等の手段を示すべきである。

○ いわゆる在宅勤務手当や実費支給の通勤手当が社会保険料の算定基礎となる報酬に該当するか等の取扱いについて明確化するべきである。

第5 その他
○ テレワークについては、例えば情報セキュリティの問題もある。この他、地方移住の推進、ワーケーションの促進等の観点からも一層の推進が求められていることから、引き続き関係省庁と連携し、更なる普及・促進を図っていくことが期待される。

第6 最後に
○ 本検討会の報告書をとりまとめる足下においても新型コロナウイルス感染症の感染が拡大してきており、感染拡大防止の観点からも、テレワークの推進が求められている。ただし、単にテレワークを推進すること自体が目的では、かえって非効率な業務運営や、労働者にとっても望ましくない形になる可能性がある。テレワークの推進は、働き方改革の推進の観点も含めて行うことが有益であり、ウィズコロナ・ポストコロナにおける新しい生活様式に対応した働き方として、使用者が適切に労務管理を行い、労働者が安心して働けるものとなることが求められる。テレワークの推進により、従来の労務管理の在り方等について改めて見直しを行うことは、生産性の向上にも資するものであり、テレワークを実施する労働者だけでなく、企業にとってもメリットのあるものであると考えられる。

○ 本検討会においては、このような観点から、良質なテレワークを導入するにはどうすればよいかについて議論が行われたところである。単に、テレワークに関する法規制がどうなっているのかを紹介するのではなく、労務管理全般についてガイドラインや好事例集で示していくことについて提言を行っている。テレワークの導入が難しいと指摘される業種・職種もあるが、業務内容の切り出し方や業務指示の工夫によっては、効率的・効果的に業務を進め、かつ、時間や場所を有効に活用することができる。労使で話し合っていただき、ルールを決めてうまく活用いただくことで効果的な活用が見込まれる。

○ 本年の緊急事態宣言により、新たに多くの企業がテレワークを実施することとなり、企業によっては対応に苦慮するケースもあったが、逆に、この機会を活用して業務の見直しを図る例もあった。緊急事態宣言下でのこの経験を活かし、良質なテレワークが推進されることを期待したい。

○　今般、本検討会における報告書をここにとりまとめることとするが、デジタル化の進展は今後も続くことが見込まれ、それに伴い、テレワークの在り方も変化することが想定される。今後も不断の見直しを行っていくことが必要となろう。

○　本検討会としては、本報告書が今後の施策の検討等に活用されることを期待する。また、このとりまとめを踏まえ、厚生労働省において良質なテレワークを推進するための取組として、テレワークガイドラインの改定をはじめ必要な対応を速やかに行うことを求めたい。

（参考資料１：開催要綱）〈略〉
（参考資料２：開催経過）〈略〉

Ⅱ 参考書式

【参考書式(1)】

令和○年○月○日

従業員の皆様へ

□□株式会社
代表取締役○○○○

テレワーク基本方針について

　働き方改革、地方創生、BCP対策の要請が高まるなか、当社においても本格的にテレワークを導入すべく、下記基本方針を策定いたしました。テレワークを浸透させるには、これまでの働き方に対する固定観念の変革が必要不可欠です。一朝一夕に実現できるものではなく、当社で働く皆でトライ&エラーを繰り返すことも必要です。多様な人材が個々の能力を発揮できる環境を実現すべく、当社に関わる皆で一丸となって取り組んでいきましょう。

記

□□株式会社　テレワーク基本方針

１．テレワーク導入の目的

　　□□株式会社（以下、「会社」という。）は、「家庭生活（育児・介護）と仕事の両立」、「多様で優秀な人材の活用」、「雇用の継続」、「ワークライフバランスの適正化」、「自主的、自律的行動」、「業務の効率化」、「BCP対策」などを実現することを社会的責務であると考え、テレワーク（ICT（情報通信技術）を活用して時間や場所を有効に活用できる働き方のことをいい、自営型テレワークを除く。）を導入する。

２．法令等の遵守

　　テレワーク実施者であっても労働関係法令が適用され得ることを理解し、会社及び労働者は労働関係法令を含め法令及び社内規程等を遵守する。

３．会社の責務

　　会社は、テレワークに関する法令及び国が定める指針その他の規範を遵守し、テレワークに必要なルールを策定のうえ、パンフレット、社内報、メール、研修等によりこれを社内に周知・啓発することによって、会社に関わる皆が安心して働ける環境を整備するよう努める。

４．テレワーク実施者の責務

　　テレワークの実施者は、テレワークの仕組みやセキュリティリスク等を理解するとともに、テレワークのルールに関して会社が定める各種規約・内規等の規定を遵守し、自らの利益のみならず、会社に関わる皆の利益に配慮して行動する。

5．テレワーク非実施者の責務

　　テレワーク非実施者であっても、テレワーク導入の目的を理解尊重し、適正なテレワークが会社に定着し、テレワーク導入の目的が実現できるよう協力し行動する。

6．改善・協力

　　会社、従業員は、テレワーク導入の目的を実現するための課題を共有し、現状に固執することなく、適宜改善を行う機会を設け、会社のテレワークがより良いものとなるよう努める。

　　本方針は、令和〇年〇月〇日より施行する。

令和〇年〇月〇日制定

□□株式会社

代表取締役〇〇〇〇

【参考書式⑵】

> 　本規程例は、多くの企業が参考にするであろう厚生労働省作成の「テレワークモデル就業規則〜作成の手引き〜」をアレンジのうえ、一例を提案するものです。各社の実情に合わせるには、適宜修正いただく必要がありますのでご注意ください。

在宅勤務規程（例）

（目的）

第1条　この規程は、□□株式会社（以下、「会社」という。）の就業規則第●条に基づき、従業員が在宅勤務する場合に必要な事項について定めたものである。

（定義）

第2条　在宅勤務とは、情報通信機器を利用し、会社の事業所ではなく、従業員の自宅、その他自宅に準ずる場所（以下、「自宅等」という。）で就労する勤務形態をいう。

2　在宅勤務者とは、会社から在宅勤務を許可されたもの又は在宅勤務を命じられ、在宅勤務を行う者をいう。

（適用）

第3条　本規程に定めのない事項については、各従業員に適用される就業規則の規定に従うものとし、本規程と就業規則とに齟齬がある場合には、従業員の有利不利に関わらず、本規程が優先して適用される。

（対象者）

第4条　在宅勤務の対象者は、就業規則第●条に規定する従業員であって、次の各号の条件を全て満たした者のうち、会社が許可したものとする。

①　在宅勤務を希望する者

②　勤続1年以上の者でかつ自宅での業務が円滑に遂行できると認められる者

③　育児、介護、従業員自身の傷病等により出勤が困難と認められる者

④　自宅の執務環境、セキュリティ環境、及び家族の理解のいずれも適正と認められる者

（申請・許可手続き）

第5条　在宅勤務を希望する者は、所定の申請書に在宅勤務の実施期間、実施理由などの所定事項を記入し、所属長に提出しなければならない。

2　前項の申請を受けた会社は、在宅勤務を希望する者の適性、業務内容、能力、作業環

境、人員配置、他の従業員の業務への影響等を考慮し、適当と認める場合には許可することができる。

3　会社は、業務上その他の事由により、前項による在宅勤務の許可を取り消すことができる。

4　第2項により在宅勤務の許可を受けた者が在宅勤務を行う場合は、前日までに所属長へ在宅勤務の実施を申請し、所属長の許可を受けなければならない。

（在宅勤務命令）

第6条　会社は、従業員に対し、前2条に関わらず、業務の必要がある場合に在宅勤務を命じる場合がある。

2　前項の在宅勤務を命じられた従業員は、正当な理由がない限り、これを拒否することはできない。

（在宅勤務における服務規律）

第7条　在宅勤務者は、就業規則第●条及びセキュリティガイドラインなどの各種規程に定めるもののほか、次に定める事項を遵守しなければならない。

①　在宅勤務の際に所定の手続きに従って持ち出した会社の情報及び作成した成果物を第三者が閲覧、コピー等することのないよう最大の注意を払って管理する。

②　①に定める情報及び成果物は、紛失、毀損することのないよう丁寧に取り扱い、セキュリティガイドラインに準じた確実な方法で保管、管理しなければならない。

③　在宅勤務の実施にあたっては、業務上知り得た情報や会社が保有する情報の取扱いに関し、自らテレワーク方式及びテレワークにおけるセキュリティリスクに関する知識の習得に努めるとともに、セキュリティガイドライン及び関連規程類を遵守しなければならない。

④　在宅勤務中は、職務に専念し、中抜け等やむを得ない事情により職務を離れる場合には事前に申告し、許可を受けなければならない。なお、事前に申告できない場合には、遅くとも翌日の終業時刻までに所属長へ報告し、その承認を得なければならない。

⑤　在宅勤務中は、所定の就業場所以外の場所で業務を行ってはならない。

⑥　在宅勤務者は、在宅勤務日報等、会社が指定する方法により、所属長へ始業・終業時刻、中抜け時間及び理由等所定の事項を報告しなければならない。

（在宅勤務時の労働時間）

第8条　在宅勤務の労働時間については、就業規則第●条の定めるところによる。

2　前項に関わらず、会社の承認を受けて始業時刻、終業時刻及び休憩時間の変更をすることができる。

◆新たにフレックスタイム制を採用する場合◆

（フレックスタイム制：適用労働者の範囲）

第●条　会社は、第8条の規定にかかわらず、在宅勤務者にフレックスタイム制を適用することができる。

（フレックスタイム制：清算期間）

第●条　清算期間は、●月、●月、●月、●月の1日から翌々月末日までの3か月間とする。

（総労働時間）

第●条　清算期間における総労働時間は、1日7時間に清算期間中の所定労働日数を乗じて得られた時間数とする。

　　　　　　総労働時間＝7時間×3箇月の所定労働日数

（標準労働時間）

第●条　標準となる1日の労働時間は、7時間とする。

（フレックスタイム制：始業終業時刻、フレキシブルタイム及びコアタイム）

第●条　フレックスタイム制が適用される従業員の始業および終業の時刻については、従業員の自主的決定に委ねるものとする。ただし、始業時刻につき従業員の自主的決定に委ねる時間帯は、午前6時から午前10時まで、終業時刻につき従業員の自主的決定に委ねる時間帯は、午後3時から午後7時までの間とする。

2　午前10時から午後3時までの間（正午から午後1時までの休憩時間を除く。）については、所属長の承認のないかぎり、所定の労働に従事しなければならない。

（フレックスタイム制：その他）

第●条　前条に掲げる事項以外については労使で協議する。

（休憩時間）

第9条　在宅勤務者の休憩時間については、就業規則第●条の定めるところによる。

2　前項の規定にかかわらず、在宅勤務者については、労使協定を別途締結のうえ、休憩時間を在宅勤務者ごとに時間を定め与える場合がある。

（所定休日）

第10条　在宅勤務者の休日については、就業規則第●条の定めるところによる。

（時間外及び休日労働等）

第11条　在宅勤務者は、原則として時間外労働、休日労働及び深夜労働をしてはならない。但し、やむを得ない事由があり、所定の手続を経て所属長の許可を受けた場合は例外とする。

（欠勤等）

第12条　在宅勤務者が、欠勤をし、又は勤務時間中に私用のため勤務を一時中断する場合は、事前に申し出て許可を得なくてはならない。但し、やむを得ない事情で事前に申し出ることができなかった場合は、事後速やかに届け出なければならない。

2　前項の欠勤、私用外出の賃金については給与規程第●条の定めるところによる。

（業務の開始及び終了の報告）

第13条　在宅勤務者は就業規則第●条の規定に関わらず、勤務の開始及び終了について、電話、電子メール、勤怠管理ツール、チャットツールその他会社が指定する方法により報告しなければならない。

（業務報告）

第14条　在宅勤務者は、定期的又は必要に応じて、電話又は電子メール、チャットツールその他会社が指定する方法で所属長に対し、所要の業務報告をしなくてはならない。

（在宅勤務者の連絡体制）

第15条　在宅勤務時における連絡体制は次のとおりとする。

①　事故・トラブル発生時には、所属長に連絡すること。なお、所属長が不在の場合は、所属長が指定した代理の者に連絡すること。

②　①の所属長又は代理の者に連絡が取れない場合には、●●課の●●まで連絡すること。

③　社内における従業員への緊急連絡事項が生じた場合、在宅勤務者へは所属長が連絡をすること。なお、在宅勤務者は不測の事態が生じた場合に確実に連絡が取れる方法をあらかじめ所属長に連絡しておくこと。

④　情報通信機器に不具合が生じ、緊急を要する場合は、●●課へ連絡を取り、その指示を受けること。

2　社内報、部署内回覧物であらかじめランク付けされた重要度に応じ至急でないものは在宅勤務者の個人メール箱に入れ、重要と思われるものは電子メール等で在宅勤務者へ連絡すること。なお、情報連絡の担当者は、あらかじめ部署内で決めておくこと。

（モニタリング等）

第16条　会社は、在宅勤務者の労働時間を適正に把握するため、在宅勤務者のテレワーク機器を各種ログの取得、モニタリング、GPS機能による位置情報の取得、メールの送受信記録の取得等の方法により、就労状況の確認を行うことができる。

2　在宅勤務者は、会社が労働時間を適正に把握できるよう、会社の調査に協力しなければならない。

3　会社は、第1項により収集した情報を適正に管理し、本人からの求めがあればこれを開示しなければならい。

（給与）

第17条　在宅勤務者の給与については、就業規則第●条の定めるところによる。

2　前項の規定に関わらず、在宅勤務（終日在宅勤務の場合に限る。）が週に●日以上の場合の通勤手当については、毎月定額の通勤手当は支給せず、実際に通勤に要した実費を給与支給日に支給することとする。

（費用の負担）

第18条　会社が貸与する情報通信機器及び通信回線を利用する場合の通信費は会社負担とする。

2　在宅勤務に伴って発生する水道光熱費は在宅勤務者の負担とする。

3　業務に必要な郵送費、事務用品費、消耗品費その他会社が認めた費用は会社負担とする。

4　その他の費用については、在宅勤務者の負担とする。

（情報通信機器・ソフトウェアの貸与等）

第19条　会社は、在宅勤務者が業務に必要とするパソコン、プリンタ等の情報通信機器、ソフトウェア及びこれらに類する物を貸与する。なお、当該パソコンに会社の許可を受けずにソフトウェアをインストールしてはならない。

2　会社は、在宅勤務者が所有する機器を利用させることができる。この場合、セキュリティガイドラインを満たした場合に限るものとし、費用については、協議のうえ決定するものとする。

（教育訓練）

第20条　会社は、在宅勤務者に対して、業務に必要な知識、技術を高め、資質の向上を図るため、必要な教育訓練を実施する。

2　在宅勤務者は、会社から教育訓練を受講するよう指示された場合には、特段の事由がない限り、指示された教育訓練を受けなければならない。

（災害補償）

第21条　在宅勤務者が自宅で業務中に災害に遭ったときは、就業規則第●条の定めるところによる。

（安全衛生）

第22条　会社は、在宅勤務者の安全衛生の確保及び改善を図るため必要な措置を講ずる。

2　在宅勤務者は、安全衛生に関する法令等を遵守し、会社と協力して労働災害の防止に努めなければならない。

　本規程は、令和○年○月○日より施行する。

【参考書式⑶】

在宅勤務（適用）申請書

申請日	年　　月　　日	所属		氏名	

　私は、在宅勤務に関する規定等を十分に理解し、以下のとおり、在宅勤務を希望します。

在宅勤務期間	年　　月　　日　〜　　　年　　月　　日
申請理由	
在宅勤務の頻度 （見込みを記載・希望日、特定日があれば記載してください。）	□出勤日全て □週に　　日間程度 　（目安：□日 □月 □火 □水 □木 □金 □土） □月に　　日間程度 　（目安：　　　　　　　　　　　　　　　） □全日／□部分的 □その他（　　　　　　　　　　　　　　　　）
就業場所	
所定労働時間	：　　　　〜　　　　：
在宅勤務時間	：　　　　〜　　　　：
フレックスタイム制の適用	□あり　　　　　　□なし
裁量労働制の適用	□あり　　　　　　□なし
事業場外みなし労働制の適用	□あり　　　　　　□なし
業務内容	
貸与機器	□ノートPC　□スマートフォン　□タブレット □Wi-Fi機器　□その他（　　　　　　　　　　）
使用する私物機器	□電話 □FAX □PC □インターネット回線 □その他（　　　　　　　　　　　　　　　　）
業務連絡先	（　　　　　　　　）
緊急連絡先	（　　　　　　　　）

【参考書式(4)】

テレワーク機器持ち出し申請書

申請日	年　月　日	所属		氏名	

　下記のとおり、会社所有のテレワーク機器を社外にて使用するため、持ち出しを申請いたします。なお、テレワークに関する各規定を十分理解し、これを遵守することを約束いたします。

記

持ち出し期間（予定）	年　　月　　日　～　　年　　月　　日	
持ち出し理由		
テレワーク機器①	種別： メーカー：	管理番号： 型番：
テレワーク機器②	種別： メーカー：	管理番号： 型番：
テレワーク機器③	種別： メーカー：	管理番号： 型番：

【貸出返却確認】

テレワーク機器	貸出日	貸出確認	返却日	返却確認
種別： 管理番号： メーカー： 型番：				
種別： 管理番号： メーカー： 型番：				
種別： 管理番号： メーカー： 型番：				

【参考書式(5)】

在宅勤務日報

日付	年　　月　　日	所属		氏名	

時刻	業務内容
～	
～	
～	
～	
～	
～	
～	
～	
～	
～	
～	
～	
問題点・課題	
明日の予定	

【参考書式(6)】

在宅勤務管理表	●年●月●日～●月●日						
部署名				氏名			
日付	曜日	出／在	始業	終業	休憩(h)	中抜け(h)	実働	備考（中抜け理由等）
1	日	出勤	9:00	19:00	1:00	1:00	8:00	15:00～16:00（介護）
2	月	在宅	9:00	18:00	1:00	0:00	8:00	
3	火	出張	9:00	18:00	1:00	1:15	6:45	
4	水	在宅	9:00	18:00	1:00		8:00	
5	木	出勤	9:00	18:00	1:00		8:00	
6	金	在宅	9:00	18:00	1:00		8:00	
7	土	休み					0:00	
8	日	休み					0:00	
9	月						0:00	
10	火						0:00	
11	水						0:00	
12	木						0:00	
13	金						0:00	
14	土						0:00	
15	日						0:00	
16	月						0:00	
17	火						0:00	
18	水						0:00	
19	木						0:00	
20	金						0:00	
21	土						0:00	
22	日						0:00	
23	月						0:00	
24	火						0:00	
25	水						0:00	
26	木						0:00	
27	金						0:00	
28	土						0:00	
29	日						0:00	
30	月						0:00	
31	火						0:00	

出勤	●日		総勤務時間	●:●	
在宅	●日		在宅勤務時間	●:●	
			時間外労働	●:●	
			休日勤務時間	●:●	
			中抜け時間	●:●	

「参考書式」サンプルのご利用について

【ダウンロード版について】

　本書の参考資料篇 Ⅱ には、「参考書式」として規程例や様式等のサンプルが掲載されています（**223 頁以下**）。これらのサンプルにつきましては、以下の URL 先にアクセスし、下記のユーザー名とパスワードを入力することでダウンロードができます。

　ぜひ、ご活用ください。

　URL：**http://www.chosakai.ne.jp/data/301821/s37.zip**
　ユーザー名：**301821**　　パスワード：**shoshiki37**

　上記の URL に「ユーザー名」と「パスワード」を入力しますと、zip ファイルが自動的にダウンロードされる仕組みです。ユーザー名とパスワードは**小文字・半角**での入力となります。

＊ ご使用にあたっての注意点

　本書に収録されている「参考書式」をご利用されるに際しては、次の事項に留意のうえご使用ください。

■ 規程例や様式などのサンプルは、本書をご購入いただいた皆さまの理解を深めるためにお役に立てれば、との思いから作成したものであります。ご購読いただく皆さまの責任のもとでご活用ください。

■「参考書式」に収録されているサンプルをご利用されるうえで生じたいかなる損害に対しても、著者、弁護士法人 ALG & Associates および株式会社労働調査会はその責任を負いかねます。あらかじめご了承ください。

今西　眞（いまにし・まこと）

弁護士法人ALG & Associates
パートナー　福岡法律事務所長
福岡県弁護士会所属。民間企業勤務を経たのち司法試験合格。企業法務だけでなく家事事件や相続事件などの一般民事まで広く経験したのち、2015年から同法人の福岡法律事務所長を務める。著書には、「労働紛争解決のための民事訴訟法等の基礎知識」、「中小企業のためのトラブルリスクと対応策Q&A」（いずれも労働調査会（共著））があり、労務問題に関する企業向けセミナーや研修講師を務めるなど、企業側労務問題を中心とする企業法務に従事。現在は、特に学校法人や医療法人における働き方改革の実現に注力している。

在宅勤務の最新労務対策Q&A

令和3年5月31日　初版発行

著　者　今西　眞
発行人　藤澤　直明
発行所　労働調査会
　　　　〒170-0004　東京都豊島区北大塚2-4-5
　　　　TEL　03-3915-6401（代表）
　　　　FAX　03-3918-8618
　　　　http://www.chosakai.co.jp/
　　　　©Makoto Imanishi
　　　　ISBN978-4-86319-821-0 C2034